데일카네기의
인간관계 65기본법칙

How to win friends and influence people

데일 카네기의
인간관계
65
기본법칙

데일카네기 지음 | 김시오 옮김

인간관계의 기본 바이블!

브라운힐
BrownHillPub

인간은 주위의 도움 없이 홀로 살아갈 수 없다. 특히 숨 막히는 현대의 경쟁사회에서 인간적인 끈끈한 교류가 없다면 탄력 있게 활동할 수 없으며 삶을 성공적으로 이끄는 것도 쉽지 않다.

사람을 만나고 관계를 어떻게 형성하느냐 하는 것은 누구나가 당면하는 문제이다. 어찌 보면 그것은 '인간'이란 이름으로 살아가는 우리의 숙명이 아닌가 싶다.

인간관계의 권위자였던 카네기도 그의 저서에서 성공의 85%는 대인관계로 결정된다고 할 정도로 인간관계는 우리가 살아가는 데 많은 부분을 차지하는 것이 사실이다. 뿐만 아니라 록펠러도 일찍이 사람을 다루는 능력은 아무리 비싼 값을 치르더라도 사고 싶은 것이라고 말했다.

그런가 하면 한 연구기관에서 성인들에게 '가장 큰 관심사는 무엇인가?' 하는 설문 조사를 한 결과, 첫 번째 관심사는 건강이고 그다음이 인간관계로 나타났다. 그만큼 다른 사람들과 조화를 이루며 사는 것이 중요하기도 하고 어렵기도 하다는 얘기다.

우리는 하루하루를 보내면서 많은 사람들과 교류하고 그 속에서 모든 것이 이루어진다. 그러나 그 많은 만남 속에서도 늘 외롭다거나 혼자라는 생각을 떨쳐 버리지 못하는 것이 '인간'이란 존재의 속성임을 부인하기 힘들다.

당신이 어려움에 직면했을 때 진정으로 걱정하고 힘이 되어 주는 사람이 있는가? 만약 그러한 사람이 단 한 명이라도 있다면, 당신의 삶은 외롭지도 않고 실패한 것도 아니다. 또한 당신은 누군가에게 그러한 한 사람이 되어준 적이 있는가를 생각해 보라. 만약 그러하다면 당신은 괜찮은 인간관계를 형성하며 세상을 살아간다고 볼 수 있다.

인간관계의 성패는 궁극적으로는 인생의 성공을 가름할 수 있는 중요한 요인이다. 그러므로 성공적인 삶을 살기를 원한다면 사귐에 혼신의 힘을 기울여야만 한다.

인생에 있어 가장 큰 재산은 '금전'이 아니라, 얼마나 많은 사람들과 폭넓게 그리고 깊이 있게 인간관계를 형성하느냐는 것이라고 할 수 있다. 그만큼 인간관계는 사업적인 성패는 물론이고 개인적인 삶의 깊이에 영향을 준다.

그런데 원만한 인간관계는 저절로 얻어지는 것이 아니다. 부단한 노력과 지혜가 요구될 뿐 아니라, 지켜야 할 철칙이 있는 것이다.

이 책에서는 인간관계의 기본 원리를 7장에 걸쳐 소개하고 있다. 상대의 마음을 움직이는 대화술에서부터 상대를 자신의 페이스로 이끄는 지혜까지……. 그리고 이러한 지혜와 철칙을 바탕으로 노력해야 하는 것은 온전히 당신의 몫임을 잊지 말아야 한다.

이 책이 인간으로서의 깊이를 더하는 데 도움이 되고, 비즈니스를 성공적으로 이끄는 데 유익한 안내서가 되기를 진심으로 바란다.

차 례

1장 … 인간관계를 잘 맺는 기본 원리

2장 ··· 상대방을 설득하는 기본 원리

3장 … 어디서나 환영받는 사람이 되는 기본 원리

4장 … 상대방에게 좋은 이미지를 심어주는 기본 원리

5장 ··· 말을 잘하는 기본 원리

6장 ··· 상대방을 변화시키는 기본 원리

7장 ··· 상대방과 화합하는 기본 원리

이 책을 유익하게 활용하는 법

이 책을 가장 유익하게 이용하기 위해서는 한 가지 필요 불가결한 요건이 있다. 그것은 다른 어느 원칙이나 기술보다 더 중요한 필수 조건이다. 이 기본적인 요건을 갖추고 있지 못하면 많은 처세 원리를 익혀도 별 효과가 없을 것이다.

이 책에서는 어떻게 하면 큰 소득을 얻을까 하고 머리를 쓰지 않아도, 인간관계의 기본 원리를 깨닫고 실천하면 기적적인 성과를 거둘 수 있다고 자신 있게 주장하고 있다.

1. 여기서 말하는 '필수 조건'은 무엇인가?

그것은 사람을 움직이는 능력을 터득하려는 깊고 열렬한 의욕과 그 능력을 키워나가고자 하는 굳건한 결의이다. 아울러 인간관계의 원리가 우리 생활에 얼마나 중요하게 영향을 미치는가를 깨닫고 실천하는 행동력이다. 인간관계는 사회적으로나 경제적으로 성공하려는 생존 경쟁에 절대적으로 영향을 미치는 요소이기 때문이다.

따라서 성공적인 삶을 원한다면 '당신의 인망(人望)과 당신의 행복과 당신의 수입이 사람을 다루는 능력에 달려 있다.'는 점을 한시도 잊지 말아야 한다.

2. 우선 각 장을 독파하여 그 대의(大意)를 파악하도록 해라. 아마 대부분의 독자들은 다음 장으로 빨리 넘어가고 싶겠지만 그렇게 해서는 안 된다. 그저 심심풀이로 이 책을 읽어 넘길 것이 아니라 원만한 인간관계의 원리를 터득하기 위해서 이 책을 읽고 있다면 읽은 장을 다시 한 번 숙독해야 한다. 이것이 결국은 시간을 절약하고 좋은 성과를 얻는 첩경이다.

3. 책을 읽는 중간 중간 눈을 감고 책의 내용과 의미를 음미하고 검토해 봐라. 그러면서 책이 말해 주는 방법을 어떻게, 그리고 언제 실제로 응용할 수 있을까를 생각해 보는 것이다.
이렇게 내용을 음미하면서 자신에게 맞는 방법을 찾아 응용해 보면 실제 생활에 훨씬 도움이 될 것이다.

4. 펜을 준비해 두었다가 읽으면서 자신에게 꼭 필요하다고 생각되는 부분에 자기 나름대로 표시를 해둬라. 아주 훌륭하고 기억할 만한 제언(提言)은 그 문장 밑에 밑줄을 쳐두어도 좋다. 줄을 치거나 다른 표시를 해놓으면 책 읽기가 훨씬 재미있어지고 다시 읽을 때에도 도움이 될 것이다.

5. 모 보험회사의 지점장은 매달 그의 회사가 체결하는 모든 보험

계약서를 다 읽는 버릇이 있다. 그는 똑같은 계약 문서를 매달매달, 그리고 해가 바뀌어도 되풀이해서 읽는다. 계약의 조건을 기억하는 데는 그 방법이 가장 좋다는 것을 경험을 통해 알았기 때문이다.

인간의 망각 속도는 실로 놀라울 만큼 빠르다. 따라서 이 책을 정말 오래도록 유용하게 활용하려면 한번 죽 훑어보고 마는 것으로 끝내지 마라. 적어도 한 달에 한 번씩 시간을 내어 다시 읽어봐라. 언제나 책상 앞에 이 책을 비치해 두고 틈틈이 보라는 말이다.

자신의 앞에 놓여 있는 무한한 발전 가능성과 고칠 수 있는 점을 늘 생각해라. 꾸준히 그리고 끊임없이 이 책이 제시하는 원칙을 되풀이해서 읽고 응용하다 보면 그것이 습관으로 몸에 배게 될 것이다. 이것만이 최선의 길이다.

6. 일찍이 영국의 문호 버나드 쇼는 말하기를, 사람이란 남이 가르쳐주는 것은 배우려 들지 않는다고 했다. 과연 옳은 말이다.

습득이란 능동적 과정이다. 우리는 자기가 직접 실천함으로써만 습득할 수 있는 것이다. 그러므로 이 책에서 배우고자 하는 원칙이 있으면 그것을 몸소 행동으로 터득해야 할 것이다.

기회가 있을 때마다 이 책에서 제시하는 원리를 응용해 보도록 해라. 그렇지 않으면 그 원리는 곧 잊혀지고 말 것이다. 실제로 활용한 지식만이 산지식으로서 마음속에 뿌리를 내리기 때문이다.

하지만 이런 원리를 실생활에 늘 적용시킨다는 것은 생각처럼 쉽지 않다. 예를 들면 기분이 나쁠 때 타인을 비판하고 욕하기는 쉬우나 상대방의 입장을 이해하려고 노력하는 것은 참으로 쉽지 않다. 남을 칭찬하기보다는 헐뜯는 것이 쉽고, 타인이 원하는 것보다는 자기가 원하는 것을 하고 싶어 하는 것이 인간의 본성이기 때문이다.

따라서 당신은 이 책을 읽어 내려가면서, 단지 어떤 지식을 얻으려고 하기보다는 그것을 자기의 습관으로 바꾸도록 노력해야 할 것이다. 때문에 자신에게 필요하다고 생각되는 대목을 더욱 자주 읽어야 한다.

아울러 이 책을 인간관계를 원활하게 유지해 나가기 위한 기본 교범으로 생각하고, 자기 본능대로 혹은 충동적으로 행동하지 않도록 노력해야 한다. 그러기 위해서는 이 책을 수시로 읽어보고 숙지하는 것이 좋다. 이 책이 지시하는 대로 행동하면 틀림없이 놀라운 성과를 거둘 테니 말이다.

7. 자신이 결심한 것을 행동으로 옮기는 것이 쉽지 않은 사람은 이 책에서 제시하는 지시를 어겼을 때마다 가족 혹은 회사 동료에게 벌금을 내겠다고 원칙을 정하는 것도 좋다. 그렇게 내기를 해나가다 보면 재미도 있고 점점 원칙을 지키는 것이 습관화될 수 있기 때문이다.

8. 어느 자리에서 대은행 총재가 자기 개선을 도모하는 데 사용한 효과적인 방법을 이야기한 적이 있다.

그 사람은 학교 교육은 별로 받지 못했으나 지금은 미국에서 일류 재벌의 한 사람이 되었다. 그가 큰 성공을 거둔 처세의 비결이란 다음과 같은 것이었다. 그의 말을 그대로 옮겨본다.

『몇 년 동안 계속해서 나는 그날그날의 약속을 수첩에 기록해 왔다. 토요일 밤이면 나는 혼자 방에 들어앉아서 자기반성과 검토와 평가의 시간을 보내곤 한다.

수첩을 펼쳐놓고 지난 한 주일 동안에 만난 사람, 그 사람들과 주고받은 말, 그리고 회의의 경과 등을 일일이 회고해 보는 것이다.

나는 '내가 그때 어떤 실수를 하지 않았는가?'를 자문자답해 보는가 하면, 지난 경험에서 어떤 교훈을 찾을 수 있을까를 생각하곤 했다. 하지만 그럴 때마다 내가 범한 실수에 대해 자책한 적이 적지 않았다.

그러나 한 해, 두 해 지나감에 따라 그러한 실수가 점점 줄어들었고, 또 대인관계의 개선에 자기만족을 느끼게 되었다.

이러한 자기 분석, 자기 교육이 몇 년 동안 계속됨으로써 나는 이 세상의 다른 어떤 방법과도 비교할 수 없을 만큼 훌륭한 성과를 거두게 되었다. 그것은 나의 결단력을 증진시켜 주었고 인간관계에 큰 도움을 주었다.

이 책을 읽는 모든 독자들이 이 방법을 실천해 보도록 권한다.』

이 책에서 배운 원리를 응용함에 있어 다음과 같은 방법을 쓰는 것이 좋을 것이다. 그렇게만 한다면 그 결과로 여러분은 두 가지 소득을 얻을 수 있게 될 것이다.

첫째로 매우 재미있고 가치 있는 교육 과정을 수료할 수 있을 것이고, 둘째로 사람을 대하고 다루는 능력이 눈에 띄게 달라진 자신을 발견할 것이다.

★ 이 책의 유익한 활용법 ★

▶ 인간관계의 원칙을 터득하는 데는 불타는 의욕이 요구된다. 그 의욕을 키울 것.

▶ 각 장을 반드시 반복해서 읽고 나서 다음 장으로 넘어갈 것.

▶ 이 책에 서술된 방법을 어떻게 실행할 것인가를 책의 내용을 보면서 생각할 것.

▶ 특히 중요하다고 느껴지거나 자신에게 필요한 부분에는 줄을 그어놓을 것.

▶ 매달 한 번씩 책을 다시 읽어볼 것.

▶ 책에 열거되어 있는 방법을 기회 있을 때마다 실제로 응용해 보고, 늘 책을 곁에 비치해 두어 일상생활의 문제를 해결하는 지침서로 삼을 것.

▶ 이 책의 지시를 어길 때에는 범칙금을 내는 약속을 가족이나 친구에게 해둘 것.

▶ 이 책의 가르침을 잘 활용하고 있는가를 매주 점검해 보고, 자신의 과오와 진보와 경험담을 장래를 위해 평가하고 반성해 볼 것.

그리하여 당신의 인망과 행복과 수입이 사람을 다루는 능력에 달려 있다는 점을 잊지 마라.

인간은 자신이 몸소 실천함으로써만이 습득할 수 있다. 그러므로 이 책에서 배우고자 하는 내용이 있으면 반드시 행동으로 옮기도록 한다.

이 책을 통해 단지 어떤 자식을 얻으려고 하기보다는 그것을 자기의 습성으로 삼아라.

그리고 타인에게는 관대해져라. 그러나 자기 자신에게는 엄격해져라.

우리 자신은 친구를 의지하고 있으면서도 친구가 우리를 의지하고 있다는 사실은 깨닫지 못하는 경우가 허다하니까…….

1장

인간관계를 잘 맺는 기본 원리

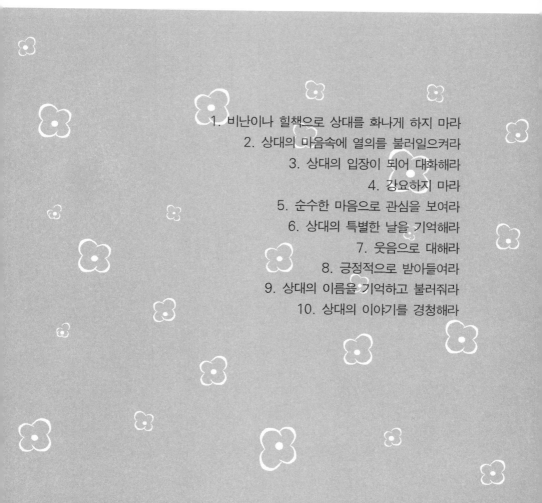

비난이나 힐책으로 상대를 화나게 하지 마라

상대를 비난하는 것은 누워서 침을 뱉는 것이나 다름없어서, 반드시 자기 자신에게 돌아오기 마련이다.

남의 단점을 꼬집어 내거나 질책하거나 비난하려 한다면, 상대방은 그렇게 할 수밖에 없었다고 애써 변명을 하거나 오히려 당신을 원망하고 미워할 것이다.

"나는 생애의 한창 좋은 시절을 남을 즐겁게 하고 도와주느라고 애써 왔건만, 그 대가란 세상의 비난과 경찰의 미행뿐이었다."

이 말은 시카고를 손아귀에 넣고 전 미국을 어지럽혔던 암흑가의 왕자 알 카포네가 남긴 말이다.

카포네처럼 흉악무도한 인간도 자기 스스로를 악인이라고 생각지 않는다는 사실에 놀라지 않을 수 없다. 그는 오히려 자기는 자선가라고 자처하면서 세상 사람들이 그것을 전혀 알아주지 않는다고 탓하고 있다.

뉴욕에서 폭력단의 총격 앞에 쓰러지기 전의 더치 슐츠 또한 그러했다.

뉴욕에서도 악명 높은 슐츠도 어느 신문기자와 만난 자리에서 자기는 사회의 은인이라고 말한 적이 있다. 그는 사실 그렇게 믿고 있었던 것이다.

이 문제에 대해서는 한평생을 형무소장으로 지낸 로즈 씨의 재미있는 이야기를 소개해 보겠다.

『수형자(受刑者) 중에서 자기의 죄를 뉘우치거나 자기 스스로를 악인이라고 생각하는 사람은 극히 드물다. 자기도 일반 선량한 시민과 조금도 다를 바가 없다고 생각하며 끝까지 자신의 행위를 정당화 내지 변명하려고 든다. 왜 금고를 털지 않을 수 없었으며, 권총 방아쇠를 당기지 않으면 안 되었던가를 나름대로 설득시키려 한다.

그들 대부분은 자신의 반사회적 행위를 자기 스스로에게까지 어떻게든지 바르게 설명하려고 하며, 자신에게 형이 집행되는 것을 불만스럽게 생각한다.』

이처럼 죄를 지은 범죄자들까지도 자신의 행동을 반성하지 않고 있는데 보통 사람들은 어떠하겠는가?

미국의 유명한 사업가 존 워너메이커는 이렇게 고백하고 있다.

"남의 단점을 꼬집어낸다는 것은 자신에게 아무런 도움이 되지 못한다. 비난받은 사람은 곧 방어 태세를 갖추고 어떻게든지 자기를 정당화시키려 들 것이다. 더구나 자존심이 상한 상대방은 결국 반항심을 갖게 되어 필사적으로 당신을 공격해 올 것이다."

워너메이커는 일찍이 이 원리를 깨달았지만, 대부분 사람들은 유감스럽게도 자기가 잘못을 저지르고도 결코 자기를 나쁘다고 인정하려

들지 않는다는 사실을 깨닫지 못하고 있다.

일찍이 독일 군대에서는 어떠한 불만스러운 일이 생겨도 그 당시에 불평을 토로하거나 비판하는 것을 허용치 않았다. 속이 타는 대로 하룻밤 자고 나면 마음이 가라앉기 마련이라는 것이다.

만약 그 즉석에서 불평을 늘어놓는 병사가 발견되면 그는 처벌을 받았다. 이 규칙은 매우 엄격했다.

그러나 사실상 이 규칙은 군대뿐 아니라 우리 사회에도 적용되어야 할 원칙이다.

잔소리가 심한 부모, 바가지 긁는 아내, 고용인을 들볶는 경영주, 그 밖에 남을 비판하려 드는 모든 사람은 이를 실천해야 할 것이다.

비판이 무익하다는 예는 역사상 허다하다. 루스벨트 대통령과 그 후계자인 태프트와의 싸움도 그 한 예이다.

이 사건으로 말미암아 이들이 주도하는 공화당은 분열되었고, 민주당의 우드로 윌슨에게 백악관을 내주었을 뿐 아니라 제1차 세계대전에 미국을 참전케 하는 등 역사의 흐름을 크게 바꿔놓은 결과를 가져왔다.

이 사건들을 간단히 살펴보기로 하자.

1908년 루스벨트는 대통령의 자리를 태프트에게 물려주고 아프리카로 사자 사냥을 떠났다. 얼마 후에 돌아와 보니 태프트가 너무 보수적이어서 마음에 들지 않았다. 이에 루스벨트는 차기 대통령 후보의 지명을 획득하고자 진보적인 당을 조직했다.

그 결과 공화당은 붕괴의 위기에 직면하게 되었고, 선거 결과 태프트를 후보로 세운 공화당은 패배를 맛보아야만 했다.

루스벨트는 태프트를 탓했다. 그러나 질책 받은 태프트는 과연 자기가 잘못했다고 인정했을까?

물론 그렇지 않았다. "나로서는 그밖에 달리 도리가 없었다."고 태프트는 눈물을 머금고 말했던 것이다.

이 두 사람 중에서 누가 잘못했는가를 판가름하기는 힘들 뿐 아니라 또 누가 나빴는지도 따질 필요가 없다.

여기서 설명하고자 하는 것은 루스벨트가 아무리 심하게 태프트를 책망하더라도, 태프트로 하여금 스스로의 잘못을 깨닫게 할 수는 없다는 점이다.

결과는 태프트로 하여금 애써 자기의 입장을 정당화하도록 했고, 눈물을 흘리면서까지 '별다른 도리가 없었다.'고 변명을 되풀이한데 불과했던 것이다.

우리는 비난과 힐책이 대부분의 경우 아무 효과가 없다는 것을 깨달아야만 한다.

"자기 자신의 마음속에서 싸움을 시작한 자만이 가치 있는 인간이다."

이는 영국의 시인 브라우닝의 말이다.

자기 스스로와 싸우면서 자신을 완전한 인간으로 만드는 노력은 1년은 걸려야 할 것이다.

만약 이 노력이 성공한다면 우리들은 즐거운 새해를 맞이할 수 있을 것이며, 그 후에는 실컷 남의 잘못을 탓해도 좋을 것이다.

그러나 그전에 먼저 자기가 완전해지지 않아서는 안 된다.

'자기 집의 현관이 지저분한데도 이웃집 지붕의 눈을 치우지 않는다고 탓하지 마라.'고 공자는 가르치고 있다.

▸ 상대를 비난하는 것은 누워서 침을 뱉는 것이나 다름없어서 반드시 자기 자신에게 돌아오기 마련이다.

▸ 비판이 무익하다는 예는 역사상 허다하다. 루스벨트 대통령과 그 후계자인 태프트와의 싸움이 대표적이다.

▸ 자기 자신의 마음속에서 싸움을 시작한 자만이 가치 있는 인간이다.

▸ 자기 집의 현관이 지저분한데도 이웃집 지붕의 눈을 치우지 않는다고 탓하지 마라.

2
상대의 마음속에 열의를 불러일으켜라

미국의 심리학자인 해리 오버스트리트 교수의 명저인 《인간 행위를 지배하는 힘》에는 다음과 같은 구절이 있다.

'인간의 행동은 마음속의 욕구로부터 생겨난다. 따라서 사람을 움직이는 최선의 방법은 먼저 상대방의 마음속에 강한 욕구를 불러일으키는 일이다. 사업은 물론이고 가정·학교, 혹은 정치를 하는 사람은 이 사실을 잘 기억해 둘 필요가 있다. 이것을 할 수 있는 사람은 만인의 지지를 얻는 데 성공할 것이며, 그렇지 못한 사람은 한 사람의 지지자도 얻지 못할 것이다.'

또한 사람을 다루는 데 명수로 인정받는 슈와브는 자신의 인간관계 비법을 이렇게 소개하고 있다.

"나는 사람의 열의를 불러일으키는 능력이 있는데, 이것이 나에게 있어 가장 소중한 보배이다. 타인의 장점을 키우기 위해서는 칭찬해 주는 일과 격려해 주는 일이 가장 좋은 방법이다.

나는 결코 사람을 비난하지 않는다. 사람을 일하게 만들려면 격려와 칭찬이 필요하다고 나는 믿는다. 따라서 나는 사람을 추켜올리는 것은 무척 좋아하지만, 깎아내리는 것은 대단히 싫어한다. 마음에 드는 일이 있으면 진심으로 칭찬하고 아낌없는 찬사를 보낸다."

이 글은 우리에게 시사하는 바가 크다. 대부분의 사람들은 어떠한가? 이와는 정반대이다. 마음에 맞지 않으면 무조건 공박하고, 마음에 들면 아무 말도 하지 않고 침묵한다.

"나는 오랫동안 세계 각국을 다니며 여러 훌륭한 인사들과 접촉하고 대화를 나누어 왔다. 그런 중에 느낀 것은, 사람들은 잔소리를 듣고 일할 때보다 칭찬 듣고 일할 때가 일에 대한 열의도 있고 성과도 좋다는 사실이다. 지위 고하를 막론하고 그 예외를 본 적이 한 번도 없다."라고 슈와브는 단언하고 있다.

카네기도 타인을 칭찬하는 버릇이 있었다고 슈와브는 말한다. 카네기는 타인의 일을 자신의 묘비에까지 새겨 칭찬했다. 그가 스스로 쓴 묘비는 이러하다.

'여기 자기보다 현명한 인물을 신변에 끌어 모으는 방법을 터득했던 사람이 묻혔노라.'

링컨은 자신의 책머리에 '인간은 누구나 칭찬을 좋아한다.'고 적고 있다. 탁월한 심리학자 윌리엄 제임스도 "인간이 가진 성정(性情) 가운데서 가장 강한 것은 타인에게 인정받고자 갈망하는 마음이다."라고 말한 바 있다.

그런데 제임스는 왜 '희망'한다든가 '염원'한다든가 '동경'한다는 말 대신, '갈망(craving)'한다고 표현했을까? 그것은 인간의 마음을 줄기

차게 휘어잡고서 파고드는 집착이란 점을 지적하기 위함일 것이다.

타인의 이러한 갈망을 제대로 만족시켜 주는 사람은 매우 드물다. 하지만 그렇게 할 수 있는 사람만이 타인의 마음을 움직일 수 있다는 것은 분명하다.

루스벨트는 대통령 재임 중에 어떤 난관에 봉착하면 언제나 자신이 존경하던 링컨을 생각하며, '링컨 같으면 이 문제를 어떻게 처리할까?' 하고 떠올리는 버릇이 있었다고 고백한 적이 있다.

우리도 타인을 매도하고 싶어질 때면, 루스벨트 대통령의 방법을 본받아 '링컨이라면 이러한 경우 어떻게 했을까?' 하고 생각해 보면 어떨까 싶다.

타인의 결점을 교정해 주려는 마음씨는 분명히 훌륭하고 칭찬할 만한 것이다. 그러나 타인의 잘못을 고쳐주기에 앞서 먼저 자기 자신의 결점을 고치려는 태도를 갖는 것이 훨씬 더 유익한 일이라고 생각된다.

'빈에서의 재화'라는 유명한 연극에서 주역을 맡았던 알프렌런트도 "나에게 가장 필요한 영양소는 자기 평가를 높여주는 말이다."라고 말한 바 있다.

우리는 몸의 건강을 위해서는 쇠고기며 감자 등을 챙겨먹지만 부드러운 칭찬의 말로 북돋워주는 데는 인색하다는 말이다.

분별 있는 사람들에게는 아첨 따위는 통하지 않는다. 천박하고 이기적이고 무성의한 공치사가 통용되지 않는 것은 당연한 일이지만, 아사 (餓死) 직전에 놓인 사람이 풀이건 열매건 닥치는 대로 집어먹듯이 아첨인지 아닌지도 구별하지 못한 채 찬사에 굶주린 사람들이 세상에는 적지 않다.

므디바니 형제가 여러 차례에 걸친 결혼에 성공한 것은 어떤 연유에서일까?

'왕자'라는 별명을 가진 이 두 사람이 어찌하여 두 미모의 영화배우와 세계적인 유명한 가수, 그리고 스토어를 경영하는 여 사장, 백만장자 바바라 허튼을 차례차례 자신의 사람으로 만들 수 있었을까?

"므디바니 형제가 여성을 끄는 매력은 많은 사람들에게 세기의 수수께끼로 남아 있다. 세상 물정을 속속들이 알고 있는 남성을 평가하는 데 있어 타인의 추종을 허락지 않는다는 대예술가 폴라 네그리에 의하면, 므디바니 형제처럼 공치사를 잘하는 사람은 드물다는 것이었다.

그런데 현재의 이 딱딱하고 각박한 세상에서는 아첨의 기술이 거의 다 사라지고 없다. 즉 므디바니 형제의 비결이란 그 기술을 다시 부활시킨 데 있는 것이다."고 한 기사는 보도하고 있다.

영국의 빅토리아 여왕도 아첨을 좋아하는 경향이 있었다. 당시의 재상 디즈레일리도 여왕에게 비위를 맞추느라 퍽 애썼다고 고백하고 있다.

그의 말을 빌면 '인두로 펴 바르듯이' 치하의 말을 했다고 하는데, 그는 대영제국의 재상 중에서 손꼽을 만큼 세련된 사교의 천재였다. 하지만 디즈레일리가 사용한 방법을 우리가 쓴다고 해서 반드시 유효하다고는 할 수 없다.

아첨은 이로운 점보다 해가 되어 돌아오는 경우가 더 많다. 공치사는 가짜이기 때문이다. 가짜 돈과 마찬가지로 자주 쓰다 보면 종내는 화(禍)를 불러오게 되는 것이다.

아첨과 감사의 말을 구별하는 법은 매우 간단하다. 후자는 진실인데 비해 전자는 진실이 아니다. 후자는 마음속에서부터 우러나오지만, 전자는 혀끝에서 나오는 것이다.

▶ 인간이 가진 성정 가운데서 가장 강한 것은 타인에게 인정을 받고자 갈망하는 마음이라고 탁월한 심리학자 윌리엄 제임스는 말했다.

▶ 루스벨트는 어떤 난관에 봉착하면 언제나 자신이 존경하던 링컨을 생각하며, '링컨 같으면 이 문제를 어떻게 처리할까?'를 떠올렸다고 한다.

▶ 아사 직전의 인간이 풀이건 열매건 닥치는 대로 집어먹듯이, 아무것이나 받아 삼킬 만큼 찬사에 굶주린 사람들이 세상에는 적지 않다.

하지만 아첨과 감사의 말은 매우 다르다. 후자는 마음속에서부터 우러나오지만, 전자는 혀끝에서 나온다.

3
상대의 입장이 되어 대화해라

강철왕 앤드류 카네기는 스코틀랜드 출신의 가난뱅이 노동자였다. 그는 후에 각 방면에서 명성을 떨치며 기부금을 낼 만큼 대부호가 되었다.

그는 어려서부터 이미 사람을 움직이기 위해서는 상대방의 입장에서 생각하는 것이 중요하다는 것을 깨닫고 있었다. 학교라고는 4년밖에 다니지 못했지만 사람을 어떻게 다루어야 하는지를 잘 알고 있었던 것이다. 이런 이야기가 있다.

카네기의 형수는 예일대학에 가 있는 두 아들 때문에 병이 날 정도로 걱정이 많았다. 학교 일로 바쁜 아들들이 집에 편지 한 장 보내오지 않았고, 어머니가 편지를 보내도 답장 한 번 하는 법이 없었기 때문이다.

이 모습을 옆에서 지켜보던 카네기는 그 조카들에게 답장하라는 말은 하지 않고, 그저 왕복 엽서만 한 장 구입해 편지를 보냈다. 그리고 답장을 받을지 못 받을지 내기를 하자고 형수에게 제안했다.

편지에는 별 중요한 내용도 없었다. 다만 추신으로 조카들에게 각각 5불씩 돈을 보낸다는 말을 간단히 덧붙였을 뿐이다. 그러나 그는 그 돈을 동봉하지는 않았다.

조카들에게서 곧 감사하다는 답장이 날아왔다.

'앤드류 삼촌, 주신 글 반갑게 받아 보았습니다…….'

그다음 말은 여러분의 상상에 맡기겠다.

남을 설득해서 무슨 일을 하도록 하려면 먼저 말로 부탁하기 전에 스스로 자문(自問)해 보라.

'어떻게 하면, 상대방의 마음속에 하고 싶다는 생각을 불러일으킬 수 있을까?' 하고…….

이렇게 하면 남을 쫓아다니며 부탁하거나 쓸데없는 애원을 할 필요가 없을 것이다.

또 한 가지, 카네기의 경험을 인용해 보자.

그는 강연회를 개최하기 위해, 뉴욕 한 호텔의 대강당을 철마다 20일씩 밤에만 빌려 쓰고 있었다.

한 번은 강연회 준비를 모두 마쳤는데, 호텔 측으로부터 사용료를 종전의 3배로 인상하겠다는 통지가 날아왔다. 그때는 이미 입장권의 인쇄도 마쳤고, 강연회 개최도 곳곳에 알린 이후였다.

카네기는 그러한 인상을 당연한 것으로 받아들이고 싶지는 않았으나, 자신의 기분을 호텔 측에 이야기해 봐야 아무 소용없을 거라고 예견했다. 호텔 측은 자기네 입장밖에 생각하지 않을 것이 분명하기 때문이다.

그는 이틀 후에 지배인을 만나러 갔다.

"그 통지를 받았을 때 약간 놀라기는 했습니다. 하지만 당신을 원망하고 싶은 생각은 추호도 없습니다. 나도 당신의 입장이라면 같은 통지를 보낼 수밖에 없었을 겁니다. 호텔 지배인의 임무는 호텔 수익을 올리는 것이고, 그것을 못 하는 지배인이라면 당연히 자리를 물러나야 할 테니까요. 그런데 이번 사용료의 인상이 호텔 측에 얼마만큼의 이익과 불이익을 가져올 것인지는 한번 검토해 보셨나요?"

이렇게 말하고서, 그는 백지 위의 중앙에다 선을 긋고 양쪽에 이익과 손해의 난을 만들었다. 그리고는 이익 난에 '대강당이 빈다.'라고 기입한 다음 말을 계속 이어나갔다.

"빈 대강당을 댄스파티나 집회용으로 자유로이 빌려줄 수 있다는 이익이 생깁니다. 이것은 확실히 큰 이익입니다. 강연회용으로 빌려주는 것보다도 훨씬 많은 사용료를 받을 수 있겠지요. 강당을 20일간이나 싼값으로 강연회에 빌려준다는 것은 호텔 측으로선 큰 손실일 겁니다. 그러면 손해가 된 점을 따져봅시다.

첫째로, 나의 예약이 취소되면 강연회 사용료로 들어오는 수익이 없어질 것입니다. 나는 당신이 요구하는 사용료를 지불하기 어려운 처지이니, 강연회를 다른 장소에서 하는 수밖에 없을 테니까요.

다음으로, 또 하나 호텔 측에 불리한 점이 있습니다. 이 강연회에는 주로 지식인이나 문화인들이 많이 모이는데, 이 호텔의 잠재 고객인 그들에게 호텔을 알리는 훌륭한 기회가 될 것입니다. 신문에 광고를 낸다고 해도 이 강연회에 모여드는 만큼 많은 사람이 일부러 호텔을 보러 오지는 않을 겁니다.

이 강연회가 이곳에서 개최됨으로써 이 호텔을 홍보하는 데 도움이 된다고는 생각지 않으십니까?"

이상 두 가지 손해를 해당 난에 기입하고 나서 그 종이를 지배인에게 주었다.

"여기에 쓴 이익과 손해를 잘 참작하셔서 최종적으로 연락해 주시기 바랍니다."

그 이튿날 호텔 측은 사용료를 3배가 아닌 5할만 인상하겠다는 통지를 보내왔다.

여기에서 우리가 주시해야 할 점은, 카네기는 자신의 요구를 한마디도 입 밖에 내지 않고 처음부터 끝까지 상대방의 입장에서 이야기하면서 어떻게 하면 충족시킬 수 있을까를 이야기했다는 것이다.

가령, 그가 화가 나는 감정을 참지 못하고 지배인의 방으로 쫓아들어가 이렇게 소리를 질렀다고 치자.

"여보시오, 지금 갑자기 3배나 값을 올린다니 말이 됩니까? 입장권도 다 찍은 다음이고, 이미 강연회 개최 발표를 했다는 것을 당신도 알고 있지 않소. 3배 인상이라는 터무니없는 가격은 낼 수 없소!"

그렇게 했다면 어떤 결과가 나타났을까? 서로 흥분하고, 욕설이 튀어나오고, 그다음은 뻔한 일이다.

이런 경우, 설사 상대방의 잘못된 점을 깨우쳐주었다 하더라도 상대방은 쉽사리 물러나지 않았을 것이다. 자존심이 그것을 허락하지 않을 것이기 때문이다.

자동차 왕 헨리 포드는 인간관계에 대해 다음과 같은 지언(至言)을 토한 바 있다.

"성공이란 것에 비결이 있다면, 그것은 타인의 입장을 이해하고 타인의 입장에서 상황을 판단하는 능력일 것이다."

이 얼마나 음미할 만한 말인가? 몇 번이고 되풀이해서 기억해 둘 만한 말이다.

매우 간단하고 알기 쉬운 사실이면서도 대부분의 사람은 이를 망각하고 있으니 말이다.

▶ 인간관계의 성공 비결은 타인의 입장을 이해하고 타인의 입장에서 상황을 판단하는 능력이다.

▶ 현명한 사람일수록 상대를 존중한다. 상대의 체면을 세워줄 때 상대를 당신 편으로 끌어들일 수 있다는 사실을 잊지 마라.

▶ 만남에 있어 가장 중요한 것은 상대의 마음속에 있는 참된 모습을 보도록 노력하는 것이다.

▶ 사려 깊은 말이나 상대방에 대한 진실된 이해는 당신과 상대방의 관계를 새롭게 만들어줄 것이다.

4
강요하지 마라

상대에게 강요함으로써 거부감을 불러일으킨 예는 우리 주변에 얼마든지 있다.

매일 배달되어 오는 광고지를 유심히 관찰해 보라. 대개의 PR지는 이 상식의 원칙을 무시하고 있지 않은가.

하나의 예를 들어보자.

'폐사는 ○○광고 대행업체로서 늘 일류가 되고자 노력하고 있습니다.'

그쪽 회사의 염원 같은 것을 누가 알고 싶어 한단 말인가. 이쪽에도 골치 아픈 문제가 산더미처럼 산재해 있는데, 이 DM을 보낸 회사는 상대편의 입장을 전혀 배려하지 않고 있다.

증권 시세는 하루가 다르게 하락하고 있고, 오늘 아침에는 통근 버스를 놓쳐 지각을 했으며, 의사에게 고혈압이니 신경성 위염이니 하는 진단을 받아 신경이 날카로워져 있는데, 이런 상대편 회사 PR 따위가 눈에 들어오겠는가.

상대방에게 어떤 인상을 줄 것인지도 모를 정도라면 일찌감치 광고업을 그만두고 다른 일을 시작해 보라고 권하고 싶은 심정이다.

'폐사의 업적은 실로 현저한 성과를 거둔 바 있으며, 항상 업계에서 두각을 나타내고 있습니다.'

그쪽 회사가 자본이 많고 업계에서 제일이라고 치자. 그것이 어쨌다는 건가. 설사 그 회사가 제너럴 모터스와 제너럴 일렉트릭의 양대 회사를 합친 것보다 몇 배 더 크다고 하더라도 그것은 상대방에게는 그리 중요한 일이 아니다. 사람들은 어떤 회사가 얼마나 큰가보다 자기 회사의 작은 일에 관심을 가질 테니 말이다.

'폐사는 항상 최근 상황에 정통하기를 바라마지 않습니다.'

'바라마지 않는다.'니…… 자기의 염원만 내세우면 이쪽의 염원은 어쩌자는 것인가. 이쪽 염원에 대해서는 한마디 언급도 없이 말이다.

이렇게 일방적으로 어떤 회사의 자랑을 듣고 있으면, 듣는 쪽의 기분이 별로 좋지 않다는 것을 모르는 모양이다.

'따라서 귀사의 주간 보고를 받고자 하오니, 요구하고 싶은 사항을 자세히 알려주시면 도움이 되겠습니다.'

뻔뻔스럽기 짝이 없는 말투다. 실컷 제멋대로 자기 자랑을 늘어놓은 다음에 보고를 하라니, 이 무슨 예의 없는 태도인가. 그리고는 한 술 더 뜬다.

'귀사의 최근 상황에 관해 답신해 주시면 도움이 되어 드리겠습니다.'

어리석게도 이런 엉터리 PR지를 보내놓고 답신을 기다리는 회사를 보면 한심하단 생각까지 든다.

끝에 와서 겨우 상대편의 입장에 관심을 보이는 것처럼 도움이 되어 드리겠다니, 도대체 무엇을 돕겠다는 말인가.

광고업에 종사하고 있는 업체에서, 즉 물건을 사도록 유도하는 전문가가 자신들의 필요에 의해 자신의 입장만을 염두에 두고 있는 광고지를 받게 되면 보는 사람이 불쾌해한다는 것을 왜 모르는가.

항상 상대편의 입장에서 생각해야 한다는 그 간단한 원리를 실천하지 못해 오늘도 수천 명의 판매원들이 제대로 수입도 올리지 못하고 실망한 채 터덜터덜 거리를 방황하고 있다.

무엇 때문일까? 그들은 항상 자기들이 원하는 것밖에 생각할 줄 모르기 때문이다. 사람들은 별로 사고 싶은 마음이 없는데, 그들은 이것을 이해하지 못하고 있다.

사람들은 원하는 물건이 있으면 직접 나가서 사게 마련이다. 자신의 문제를 해결하는 데 늘 관심을 가지고 있기 때문이다. 따라서 그 문제를 해결하는 데 도움이 된다는 것만 증명된다면 이쪽에서 자진하여 살 것이다. 판매원이 강매하다시피 물건을 권할 필요는 추호도 없다는 얘기다.

인간이란 자신이 호감을 느끼고 마음이 내키는 것은 설사 쓸모가 없다 해도 좋아하지만, 억지로 떠맡기는 것은 무조건 밀어내는 성향이 있다. 그럼에도 불구하고, 판매원의 대다수는 손님의 입장에서 생각하지 않고 자신의 생각만을 갖고 팔려고 기를 쓴다.

그 한 예를 소개한다.

『나는 뉴욕 포리스트 힐즈에 살고 있다. 어느 날 정거장으로 달려가는 도중에 롱아일랜드에서 다년간 부동산 중개업을 하고 있는 사람을 만났다. 그 사나이는 포리스트 힐즈의 사정에 밝았으므로 내가 살고 있던 집의 건축 재목에 관해서 물어보았다. 그랬더니 그 사람은 간단하게 '모른다'고 대답하고는 정원협회에 전화를 걸어서 물어보라고 성의 없는 대답을 했다. 그런 정도라면 묻지 않아도 내가 미리 알고 있는 일이었다.

그런데 그 이튿날 그로부터 한 통의 편지가 왔다. 어제 물어본 일에 대해 답변해 주는 것인가 보다고 생각하며, '전화를 걸면 1분도 안 걸릴 문제인데, 이렇게 성의를 보이다니 고마운 사람이야.' 하고 편지를 뜯어봤다. 하지만 내용은 기대했던 것이 아니었다.

그 전날과 같이 건축 재목에 관해서는 협회에 전화로 물어보라는 말을 되풀이하고 나서, 보험에 가입해 달라는 부탁이 쓰여 있었다.

이 사람은 나에게 도움이 될 만한 일에는 도무지 흥미가 없고, 자기 자신에게 이익이 되는 일에만 관심이 있는 것이다.

이 사람이 남을 돕는 데 관심을 갖게 된다면, 나를 보험에 가입시키는 것보다 몇 배의 이익을 얻게 될 텐데……』

이 같은 과오는 전문직에 종사하는 사람도 자주 범한다. 언젠가 나는 편도선이 부어서 유명한 이비인후과 의사를 찾아간 적이 있다. 그런데 그 의사는 내 편도선을 보기도 전에 직업부터 물어보았다. 그는 내 편도선의 병세보다도 나의 주머니 상태에 더 관심이 있었던 것 같았다.

사람의 목숨과 건강을 치료하는 데 도움이 되려는 생각보다 돈벌이에만 눈이 어두운 그 사람은 그 때문에 결국 손해를 보았다. 나는 그의 인격을 경멸하면서 치료도 받지 않고 돌아왔으니 말이다.

세상에는 이처럼 자기 생각만 하고 이기적으로만 움직이는 인간들이 많다. 그렇기 때문에 자기보다도 남을 위해 봉사하려고 하는 소수의 사람들에게 대단히 유리하다. 즉 경쟁자가 거의 없다는 얘기다.

"남의 입장에 서서 생각할 줄 알고 타인의 마음을 이해할 수 있는 사람은 장래를 걱정할 필요가 없다."

오웬 영이 한 말이다.

늘 상대방의 입장에 자기를 놓고 상대방의 입장에서 상황을 판단할 수 있는 능력을 갖춘다면, 그것으로 성공을 향한 제일보를 내디딘 것이나 다름없다.

유학을 다녀오는 등으로 최고의 교육을 받은 사람들조차 상대의 마음을 움직이는 일에 대해서는 전혀 모르는 경우가 많다.

평소 농구를 무척이나 좋아하던 한 사람이 동료들에게 권유해서 농구를 함께하려고 했다. 그는 다음과 같이 말했다.

"우리 같이 가서 농구나 하세. 농구가 하고 싶어 몇 번이나 체육관에 갔었지만, 그때마다 인원이 부족해서 게임을 할 수가 없었어. 어제도 농구장에 갔었는데 인원이 두서넛밖에 안 되어서 서로 볼을 던지고 받고 하다가 결국 얼굴에 볼을 얻어맞아 멍이 다 들었다네. 오늘은 자네들과 농구를 하고 싶네."

그는 상대방에게 농구를 하고 싶다는 생각이 들 만한 말을 한마디도 하지 않았다. 사람이 거의 오지 않는 체육관에 누가 가고 싶어 하겠는가. 또한 자신이 아무리 농구가 하고 싶다 한들, 그것이 다른 사람과 무슨 상관이란 말인가. 더구나 공에 맞아 멍까지 들었다니, 가고 싶은 마음이 들지 않을 수밖에…….

이때 상대의 마음을 읽을 줄 아는 사람이라면 달리 말할 수 있었을 것이다.

농구를 하면 어떤 점이 좋다는 것을 그는 왜 말하지 않았을까?

기운이 난다든가, 식욕이 왕성해진다든가, 머리가 더 맑아진다든가, 아주 재미있다든가 등으로 이로운 점을 들어가면서 설명하면 설득하는 것이 훨씬 쉬웠을 텐데 말이다.

여기에서 오버스트리트 교수의 현명한 충고를 상기해 보는 것도 괜찮을 것 같다.

"먼저 상대방의 마음속에 강한 열의를 불러일으킬 것. 이것을 할 수 있는 사람은 만인의 지지를 얻을 수 있을 것이요, 이것을 못 하는 사람은 한 사람의 지지자도 얻지 못할 것이다."

이 방법에 성공을 거둔 사람의 이야기를 들어보자.

자녀의 편식 문제로 고민하던 한 아버지가 있었다. 흔히 그러하듯이, 그도 아내와 함께 야윈 아이를 볼 때마다 잔소리만 퍼부어댔다.

"엄마는 네가 이것을 먹기를 바라는데……."

"아빠는 네가 몸이 튼튼해지는 것이 소원이다."

이런 잔소리를 하는데도 불구하고, 이 아이가 부모의 말을 잘 들었다면 그야말로 다행스러운 일이다.

30대 아버지의 생각을 세 살짜리 갓난아이에게 강요하려는 것이 무리라는 것쯤은 누구나가 알고 있다. 그럼에도 불구하고 이 아버지는 그 무리한 것을 자신의 아이에게 관철하려 들었던 것이다. 어리석은 이야기다.

그러다가 그 아버지도 자신의 어리석음에 눈을 떴던지 다른 방법을 생각해 냈다.

'저 아이는 무엇을 원하는 것일까? 어떻게 하면 저 애가 원하는 것과 내 희망을 일치시킬 수 있을까?'

그 아이는 세발자전거를 타고 노는 것을 좋아했다. 그런데 두세 집 건너 이웃에 사는 개구쟁이 아이가 그 자전거를 자주 빼앗아 가거나 제 것처럼 타고 놀기 일쑤였다.

그 때문에 이 아이는 몇 번이나 울음을 터뜨리며 엄마에게 돌아왔고, 엄마가 달려가서 자전거를 다시 찾아주곤 했다.

이 아이는 무엇을 가장 원하고 있을까? 굳이 심리학자의 이야기를 빌리지 않아도 곧 알 수 있다. 자존심, 분노, 자기의 중요성 — 이와 같은 마음속의 강렬한 감정이 아이를 지배하고 있어, 언젠가는 그 개구쟁이를 혼내주어야겠다는 생각을 갖고 있을 것이다.

"엄마 말씀대로 골고루 잘 먹으면 틀림없이 그 애보다 더 기운이 세질 거야."

이렇게 아버지가 타이름으로써 그 아이의 편식 문제는 의외로 쉽게 해결되었다.

아이는 그 개구쟁이를 때려주고 싶은 생각 때문에 무엇이나 가리지 않고 잘 먹게 되었다.

▶ 인간은 자신이 필요하다고 생각하는 것에는 적극적으로 관심을 갖는다. 그러므로 세일즈맨은 강매하다시피 상품을 권할 필요가 없다.

▸ 자신의 입장만을 피력하는 것은 상대방을 불쾌하게 할 뿐이다.

▸ 남의 입장에서 생각할 줄 알고, 타인의 마음을 헤아릴 줄 아는 사람은 장래를 걱정할 필요가 없다.

▸ 30대 아버지의 생각을 세 살짜리 아이에게 강요하려는 것은 무리이다. 아이의 수준에 맞는 관심사를 찾아 설득해 보라.

5
순수한 마음으로 관심을 보여라

빈의 유명한 심리학자인 알프렛 아들러는 그의 저서 가운데서 다음과 같이 말하고 있다.

"타인의 일에 관심을 갖지 않는 사람은 고난의 생애를 살아갈 수밖에 없고, 타인에게 무거운 짐이 될 뿐이다. 인간의 온갖 실패는 그런 인간들 사이에서 일어나기 마련이다."

이 말이 시사하는 바와 같이, 친구를 얻는데 상대방의 관심을 환기시키려고 하기보다는 상대방에게 순수한 관심을 보여주는 것이 최선의 방법이다.

그런데 이 세상에는 타인의 관심을 끌기 위해 헛된 노력을 경주하면서도 그 과오를 깨닫지 못하는 사람들이 의외로 많이 있다. 이러한 그릇된 노력은 아무리 계속해도 소용이 없다.

뉴욕 통신회사에서 어느 단어가 가장 통화 중에 많이 사용되는가에 관해 상세하게 연구를 한 적이 있었는데, 그 단어는 누구나 짐작할 수 있듯이 '나'라는 일인칭 대명사였다. 5백 번의 통화 중에 무려 3,690회나 '나'라는 말이 쓰였다는 것이다.

우리는 다른 사람과 여럿이 찍은 사진을 볼 때, 제일 먼저 누구의 얼굴을 찾는가?

만약 자기에게 얼마나 많은 사람이 관심을 가지고 있는가를 알고 싶으면 다음 물음에 대답해 봐라.

'만약 내가 오늘 죽는다면 몇 명이나 내 장례식에 참가해 줄 것인가?'

또 이렇게 자문자답해 봐라.

'먼저 내가 남에 대해 관심을 갖지 않는데, 어떻게 남이 나의 일에 관심을 가져줄 수 있을 것인가?'

그저 사람을 감복시켜서 그의 관심을 환기시키려고만 해서는 결코 참된 친구를 얻을 수 없다. 진실한 친구는 그러한 방법으로 만들 수 없기 때문이다.

나폴레옹이 그러했다. 그는 아내 조세핀과 헤어질 때 이렇게 말했다고 한다.

"조세핀, 나는 세계 제일의 행운아야. 그러나 내가 진실로 신뢰할 수 있는 사람은 당신 한 사람뿐이지."

그러나 조세핀이 그에게 있어서 정말 신뢰할 수 있는 사람이었는가의 여부는 아직까지도 의문이라고 역사가들은 말하고 있다.

소설 창작법에 대한 강의를 맡은 편집장의 얘기를 들어보자.

그는 매일매일 책상 위에 쌓여 있는 수많은 원고 뭉치 중에서 어느 하나를 펴 들고 한두 구절만 읽어보면, 그 작가가 인간을 좋아하고 있는지 아닌지를 곧 알 수 있다고 했다.

"작자가 인간을 좋아하지 않으면 세상 사람들도 그 사람의 작품을 좋아하지 않는다."고 그는 말하고 있다.

이 편집장은 소설 창작법의 강의를 한참 하는 도중에 갑자기 두 번씩이나 그 강의를 중단하고 이렇게 말했다.

"만약 여러분이 소설가로서 대성하기를 원한다면, 타인에 대해서 관심을 가질 필요가 있다는 것을 명심해 주기 바랍니다."

소설을 쓰는 데 그것이 필요하다면, 사람을 다루는 데는 세 배나 더 필요하다고 생각해라.

마술의 왕자로 40년간이나 세계 각지를 순회 공연하면서 관중들을 환각과 경탄으로 몰아넣고 손에 땀을 쥐게 했던 더스튼의 성공 비결을 살펴보자.

그는 어렸을 때 집에서 뛰쳐나와 부랑아가 되어 화물차의 무임승차를 하기도 하고, 풀더미 속에서 잠을 자거나 남의 집 문전에서 밤을 지새우기도 했다. 글자 읽는 법은 화물열차 속에서 역 근처에 붙어 있는 광고를 보고 배웠을 정도였다고 한다.

그런 그가 환상적인 마술의 왕자로 군림할 수 있었던 것은 남들이 감히 흉내 내지 못할 두 가지 장점을 가지고 있었기 때문이다.

첫째는 관객을 끄는 그의 인품이다.

그는 매우 뛰어난 예능인으로서의 자질을 가지고 있었다. 몸짓, 말하는 태도, 얼굴 표정까지도 미리 충분히 연습을 했고, 그 연습을 토대로 한 치의 오차도 없이 무대에 옮겼다.

둘째로 더스튼은 인간에 대해 진실한 관심을 가지고 있었다.

그의 이야기를 빌리자면, 대개의 마술사들은 모여든 관객들을 보면서 마음속으로 '여기 모인 사람들의 눈을 속이는 일은 누워서 떡 먹기지.' 하고 가볍게 생각한다는 것이다.

그러나 더스튼은 전혀 달랐다. 일단 무대에 서면 '마술을 보기 위해 나를 찾아준 이 사람들이 얼마나 고마운가. 나는 이 사람들 덕분에 명성을 떨칠 수 있을 뿐만 아니라, 내 인생의 자부심을 가질 수 있지 않은가. 그러니 내가 할 수 있는 최선의 연기를 보여드려야지.'라고 다짐하곤 했다고 한다.

이처럼 무대 위에 올라설 때마다 관객에 대한 감사의 마음으로 최선을 다했기에, 더스튼이 최고의 마술사가 될 수 있었던 것이다.

슈만 하잉크 여사도 더스튼과 비슷한 고백을 한 적이 있다.

그는 한때 가난과 정신적인 고뇌, 그리고 여러 가지 슬픔에 견디다 못해 죽음까지 시도한 적이 있었다고 한다. 그러나 그러한 역경을 무릅쓰고 그녀는 꾸준히 정진해서 드디어 세계적인 와그너 창법의 가수가 되었다.

그녀의 술회에 의하면, 그러한 성공의 비결은 역시 인간에 대한 관심 덕분이었다고 한다.

루스벨트의 절대적인 인기 비결도 역시 그러했다. 루스벨트는 유명 인사들은 물론 집안 하인에 이르기까지 그를 싫어하는 사람이 없었다고 한다.

그를 진심으로 존경하고 섬긴 하인 제임스 A. 아모스는 《하인의 눈에 비친 영웅, 시어도어 루스벨트》라는 책까지 펴냈다. 그 책에 다음과 같은 대목이 있다.

『어느 날 내 아내가 대통령께 메추리란 어떤 새인가 하고 물어본 적이 있다. 아내는 메추리를 본 적이 없었기 때문이다. 대통령께서는 메추리는 이러이러한 새라는 점을 자세히 설명해 주셨다.

그리고 며칠이 지난 뒤 집으로 전화가 걸려왔다. 그때 우리 부부는 웨스터 베이에 있는 루스벨트 저택 안의 조그마한 행랑에 살고 있었는데, 지금 아내의 방 창밖에 메추리 한 마리가 앉아 있으니 창문으로 내다보면 보일 것이라는 것을 알려주려고 일부러 전화를 주신 것이었다.

이 사소한 사건은 대통령의 인품을 잘 말해 주고 있다. 대통령은 우리 살림방 곁을 지나치실 적마다 우리들의 모습이 보이거나 보이지 않거나 간에 반드시 "여보게, 여보게 제임스." 하고 다정한 인사말을 던져주시곤 했다.』

남북전쟁 후 카이제르 황제는 신하나 백성들이 그를 원수로 여길 정도로 미움을 받고 있었다. 몇 백만이나 되는 사람들이 그를 증오하면서 화형에 처해도 시원치 않다고들 입을 모았다.

이러한 분격의 도가니 속에서 한 소년이 찬양하는 마음이 가득 담긴 편지를 그에게 보냈다.

'다른 사람들이야 어떻게 생각하건, 저는 폐하를 언제까지나 저의 황제로 경애합니다.'

이 글을 읽고 깊이 감명을 받은 카이제르는 꼭 한 번 만나고 싶다는 답장을 보내왔다.

소년이 그의 어머니와 함께 찾아갔고, 카이제르는 그 소년의 어머니와 결혼하게 되었다.

그 소년은 말하자면 날 때부터 사람을 움직이는 법을 터득하고 있었던 셈이다.

친구를 얻고 싶으면 먼저 남을 위해서 애쓸 줄 알아야 한다. 아울러 남을 위해서 자기의 시간과 노력을 바치고, 자신의 이기심을 버리고 사려 깊게 헌신해야 한다.

▶ 인간관계에 있어 특별한 테크닉은 필요치 않다. 상대에게 순수한 관심을 보내라.

▶ 세계적인 와그너 창법의 가수 슈만 하잉크의 성공 비결은 맹목적일 만큼 인간에 대해 관심을 퍼부었다는 데 있다.

6
상대의 특별한 날을 기억해라

인간은 자기 자신에 대해 관심을 가져주는 사람을 좋아한다. 특히 자신에게 있어 특별한 날을 기억해 준다면 더없이 감동받게 될 것이며 고마워할 것이다.

품격을 넓히고 대인관계의 기교를 배우기를 원하는 독자들에게 상대의 이러한 마음을 터득했던 한 원저 공(公)의 경험담을 소개하려 한다.

『나는 오래전부터 친구들의 생일을 기억하려고 애쓰고 있다. 원래 나는 점성술이나 미신 따위는 믿지 않는 성격이지만 인간의 생년월일과 성격, 기질과의 사이에 어떤 관계가 있는지 없는지를 먼저 상대방에게 물어보는 것을 습관화하고 있다. 그러고 나서 상대방의 생년월일을 자연스럽게 물어본다.

가령, 11월 24일이라고 상대방이 대답하면 나는 마음속으로 '11월 24일, 11월 24일' 하고 몇 번이고 되풀이하다 틈을 보아 상대방의 이름과 생일을 메모해 두었다가 집에 돌아와 생일 수첩에 기록해 둔다. 그리고 해마다 새해가 되면 새 달력에 그의 생일을 적어놓는다. 이렇게 해두면 잊어버릴 염려가 없기 때문이다.

그리고 그들의 생일날에는 틀림없이 축전이나 축하의 편지를 보낸다.

이 방법은 매우 효과적이다. 때로는 그 사람의 생일을 기억하고 있는 사람이 이 세상에서 당신밖에 없었다고 눈물겨운 감사의 인사를 받게 될 경우도 있다. 아마도 그 사람은 오래도록 나를 잊지 않고 고마워할 것이다.』

뿐만 아니라 결혼기념일이라든가, 백일이라든가 회갑 등 상대에게 특별한 날을 기억해 주는 것도 뜻 깊은 일이다.

▶ 되도록 축하할 일이 있을 때는 자리를 같이하여 진심으로 축하해 줘라. 그 이상이 당신에게 되돌아올 것이다.

7
웃음으로 대하라

- 자본은 들지 않지만 소득은 큰 것.
- 주어도 주어도 줄지 않고 받는 사람만 더 풍성해지는 것.
- 비록 한순간의 교류에 불과하더라도 그 기억은 영원히 남는 것.
- 아무리 부자라도 이것 없이는 초라하고, 아무리 가난한 사람도 이것만 있으면 풍성할 수 있는 것.
- 가정에는 행복을, 사업에는 호의를, 우정에는 끈끈한 다리가 되어 주는 것.
- 피로한 사람에게는 휴식을, 실의에 빠진 사람에겐 희망을, 슬퍼하는 사람에게는 태양과 같은 빛을, 근심 걱정하는 자에게는 자연이 인간에게 베푼 최선의 해독제가 되어 주는 것.
- 돈을 주고 살 수도, 강요할 수도, 빌릴 수도, 훔칠 수도 없는 것.
- 오로지 아무런 조건 없이 베풀 때 비로소 빛이 나는 것.

이 글은 오펜하임 콜린즈 회사의 광고문에 실린, 생활 속에서 건진

소박한 철학을 옮긴 것이다.

꼭 이 글이 아니더라도, 웃음이 우리 생활에 얼마나 값지고 필요한가에 대해서는 여러분들이 더 절실하게 체험했으리라 생각한다.

당신이 상대에게 호감을 주고 싶다면 항상 미소 짓는 얼굴로 사람을 대해라. 얼굴에 나타나는 표정은 입고 있는 화려한 옷보다, 거침없는 화술보다도 훨씬 더 값지다. 아무리 값비싼 모피 코트나 다이아몬드, 진주로 몸치장을 해도 미소 짓는 얼굴에 비할 바가 못 된다.

보험회사 외무사원이었던 미국 굴지의 프랭클린 베트커의 성공담을 소개한다.

그는 미소를 잃지 않는 사람은 늘 사람들에게 환영받는다는 사실을 일찍 깨닫고 실천한 사람이다. 그는 누구를 찾아갈 때, 그 방에 들어가기 전에 자기가 그에게 감사해야 될 일을 먼저 생각한 다음 진심에서 우러나오는 웃음을 띠면서 그 기분이 사라지기 전에 상대방을 만난다고 한다.

그가 보험 외무사원으로 대성공을 거둔 것도 이 간단한 테크닉의 덕택이었다고 고백하고 있다.

또 웃음으로 인해 다시 태어날 수 있었다고 말하는 스타인 하트의 고백을 들어보자.

미국 증권거래소에서 일했던 스타인 하트는 결혼한 지 18년이 넘도록 잠에서 깨어나 회사에 출근할 때까지 아내에게 웃는 모습을 보인 적이 거의 없었던 사람이다.

그런 그가 카네기 강연회에서, 깨어 있는 동안에는 매시간마다 누구에게든 웃음을 던져보고 그 결과를 발표하라는 제안을 받았다.

그는 교육받은 대로 일주일만 실천해 보기로 각오하고, 그 이튿날 아침에 머리를 빗으면서 거울에 비친 돌부처 같은 자신의 모습을 보며 웃는 연습을 해왔다고 한다.

그의 고백을 들어보자.

『나는 아침 식탁에 앉으면서 아내에게 인사를 하며 빙긋 웃어 보였습니다. 아내는 예상외의 행동에 몹시 놀랐는지 난감한 표정을 지어 보였습니다. 나는 아내에게 이제부터 매일 이렇게 웃으면서 하루를 시작하겠노라고 약속했고, 그 후 계속 그 약속을 실행했습니다.

내가 태도를 바꾼 뒤부터 일찍이 맛보지 못했던 행복이 저희 가정에 찾아왔습니다.

지금은 매일 아침 출근할 때마다 아파트의 경비 아저씨에게까지 웃는 얼굴로 아침 인사를 건넵니다. 그리고 지하철 창구에서 표를 파는 아저씨들에게도, 여태껏 내 웃는 모습을 보지 못했던 직장 동료들에게도 미소로 대하게 되었습니다.

그러자 모두들 나에게 웃음으로 응대해 주더군요. 그리고 불평이나 말썽거리를 가지고 오는 사람도 나는 명랑한 태도로 맞이했습니다. 상대방의 이야기를 들으면서도 웃음을 잃지 않으면 서로의 문제가 더욱 용이하게 된다는 것을 알았기 때문입니다.

미소 덕분에 나의 수입은 두드러지게 늘어났고, 예전에 그냥 스치던 사람들도 내 곁으로 모여들었습니다.

그들은 한결같이 나에게 대단히 퉁명스러운 사람이라 생각했었는데 알고 보니 더없이 따뜻한 사람이라고 칭찬해 주었습니다. 더 솔직히 고백하자면, 나의 미소에는 인정이 넘쳐흐른다고까지 말하더군요.

이렇게 웃음의 효과에 재미를 본 나는 내가 가까이 있는 사람들에게 나의 새로운 처세 철학을 즐겨 들려주고 있습니다.』

이 처세 방법은 실로 우리 생활에 활용할 만한 교훈적인 이야기이다.

그렇다면 웃고 싶지 않을 때는 어떻게 해야 하는가?

방법은 두 가지가 있다.

우선 첫째로, 억지로라도 웃어보는 것이다. 홀로 있을 때 휘파람을 불거나 콧노래를 불러보라는 말이다. 그리고 행복해서 어쩔 줄 모르겠다는 듯이 행동하면 된다. 그러면 신기하게도 정말로 행복한 기분이 되는 것을 경험하게 될 것이다.

▸ 상대에게 호감을 주고 싶다면 미소 짓는 얼굴로 상대를 맞이해라.

▸ 얼굴에 나타나는 표정은 화려한 옷보다, 거침없는 화술보다 훨씬 더 값지다.

8
긍정적으로 받아들여라

긍정적인 사고는 자신을 활기차게 해줄 뿐 아니라 주위의 사람들에게도 활력을 준다. 그러므로 자신의 밝은 미래를 위해서도 건전한 사회를 위해서도 이러한 사고를 갖는 것이 필요하다.

"사물에는 본래 좋고 나쁜 것이 없다. 단지 우리가 생각하기에 따라 좋고 나쁜 것이 결정되어질 뿐이다."

이것은 문호 셰익스피어의 명언이다.

또한 링컨은 이런 말을 남겼다.

"인간은 행복해지려는 자신의 결심의 강도에 따라 그만큼 행복해지는 것이다."

얼마 전 나는 이 말을 뒷받침해 주는 산 실례를 목격했다.

내가 뉴욕의 롱아일랜드 정거장 계단을 걸어 올라가고 있을 때, 내 바로 앞을 30여 명의 장애 소년들이 나무 지팡이에 의지하여 땀을 뻘뻘 흘리면서 계단을 올라가고 있었다. 그중에는 다른 사람에게 업혀 올라가는 아이도 있었다.

그런데 나는 그 소년들의 표정을 보고 깜짝 놀랐다. 더없이 밝고 즐거워 보였기 때문이다. 하도 신기하게 여겨져, 그들을 수행하고 있는 사람에게 물어보았다.

그는 다음과 같이 대답했다.

"평생을 장애인으로 지내게 된다는 사실을 알았을 때 그들은 처음에는 심한 충격을 받게 되지만, 차차 충격이 약해져 대개는 모든 것을 체념하고 자기의 운명에 순응하며 보통 아이들과 다름없이 쾌활해진답니다."

나는 그 소년들 앞에 머리가 수그러짐을 느꼈다. 그들은 나에게 일생 동안 잊을 수 없는 교훈을 주었던 것이다.

모든 사물을 긍정적인 시각으로 봐라. 비극은 매사를 부정적으로 생각하고 비틀어진 시각으로 받아들이는 데서 시작되며, 그것은 패배주의자의 자탄의 소리에 불과할 뿐이다.

힘들게 노력해서 돈을 많이 번 사람이 사회사업을 위해 많은 돈을 희사한 경우, 돈 좀 벌었다고 자랑하기 위해서 생색을 내는 것이라느니 장차 국회의원 선거에 출마할 속셈이 있다느니 하는 식으로 선행을 폄하하는 것은 반성할 일이다.

부정적인 사고의 소유자는 인간관계를 오래 지속할 수가 없다. 또한 언제나 상대를 경계하며 마음을 열지 않는다.

내 자신이 상대방을 경계하면 상대방도 나를 경계하게 되고, 상대방에게 믿음을 주면 상대방도 나를 믿어주게 마련이다. 남을 불신하고 부정하면 자신도 불신당하고 부정당하기 마련인 것이다.

하버드대학 교수였던 윌리엄 제임스의 주장을 인용해 보자.

"행동은 감정에 의해 표현되는 것처럼 보이지만, 사실은 행동과 감정은 병행하는 것이다. 다만 행동은 의지에 의해 직접 통제할 수 있지만, 감정은 그렇지 못하다. 그러나 감정은 행동을 조정함으로써 간접적으로 조종할 수 있으므로, 쾌활함을 잃었을 때 그것을 회복하는 최선의 방법은 일부러라도 쾌활한 척 행동하고 쾌활하게 이야기하는 것이다."

인간은 누구나 행복을 추구하고 있다. 그 행복을 얻는 방법은 단 하나밖에 없다. 그것은 자기의 기분을 마음대로 조종할 수 있는 힘을 기르는 것이다.

행복이란 외적인 조건에 의해 얻어지는 것이 아니라, 자기의 마음가짐 여하에 따라 얻을 수도 있고 놓칠 수도 있는 것이기 때문이다.

행복이나 불행은 재산이나 지위, 혹은 직업 등으로 결정되는 것이 아니다. '무엇을 행복으로 생각하고, 무엇을 불행으로 생각하는가?'라는 사고방식에 따라서 나누어지는 것이다.

가령, 같은 곳에서 같은 일에 종사하는 두 사람이 있다고 가정해 보자.

이 두 사람은 대개 비슷한 재산과 지위를 가졌음에도 불구하고 한 사람은 행복한 반면, 다른 한 사람은 불행한 경우가 가끔 있다. 왜 그럴까? 그것은 마음의 태도가 다르기 때문이다.

알버트 허버드의 말을 인용해 보자.

"아침에 일어나면 크게 심호흡을 해라. 그리고 집을 나서면 마음껏 햇볕을 받아들여라. 그리고 친구나 동료는 웃음으로 맞이해라."

오해 받지 않을까 하는 쓸데없는 걱정 따위로 단 1분의 시간도 낭비해서는 안 된다.

그러기 위해서는 다음과 같은 일을 결심하고 실천해 보도록 하자.

▶ 하고 싶은 일을 마음속에서 꼭 하겠노라고 다짐해라. 그리고 일단 마음먹은 일은 중단하지 말고 꾸준히 돌진해라.

▶ 늘 크고 훌륭한 일을 이룩하겠다는 포부를 지니고 노력해라. 그러면 언젠가는 그 포부를 달성할 수 있는 기회가 올 것이다.

▶ 유능하고 착실하며 남에게 도움이 되는 인물이 되도록 노력해라. 그렇게 되겠다고 결심하고 노력하면 자신도 모르는 사이에 그러한 인물과 비슷하게 닮아가고 있음을 느끼게 될 것이다.

▶ 마음의 힘이란 참으로 위대한 것이다. 따라서 올바른 마음의 자세, 즉 용기, 솔직함 그리고 명랑함을 늘 지니도록 노력해라. 바른 마음의 태도는 뛰어난 창조력을 수반하기 때문이다.

▶ 사람의 일은 자신이 마음먹은 대로 되는 것이라는 믿음을 가지고, 턱을 당기고 머리를 똑바로 세워라.

인간의 힘은 신이 되기 위한 전 단계라고 할 만큼 위대한 것이다.

또한 사물에는 본래 좋고 나쁨이 없다. 단지 우리가 어떻게 생각하느냐에 따라 좋고 나쁨이 결정되어질 뿐이다.

9
상대의 이름을 기억하고 불러줘라

인간은 누구나 자신의 이름에 특별한 관심을 가지고 있기 때문에 누군가가 자신의 이름을 기억해 두었다가 불러주면 괜스레 기분이 좋아진다. 그것은 어설픈 칭찬의 말보다 훨씬 효과적인 방법이다.

이 원리를 일찍 터득하여 삶을 성공적으로 이끈 제임스 파알리의 이야기를 소개한다.

제임스는 어린 나이에 아버지를 여읜 후, 벽돌공장에서 직공으로 일하게 되었다. 모래를 시멘트에 섞어 틀에 넣어 찍어낸 후 그것을 햇볕에 말리는 것이 그의 일이었다. 어린 그에게는 무척 힘든 일이었지만, 부지런했고 명랑했으므로 인정받으며 일할 수 있었다.

제임스는 친구들이 고등학교에 진학할 때 가정형편상 포기해야만 했다. 그런 그가 후에 정계에 진출하게 되었는데, 그것은 사람의 이름을 기억하는 비상한 재주가 결정적인 힘이 되어 주었다고 한다.

뒤늦게 공부한 그는 48세 때에 4개 대학에서 학위를 수여받았으며, 민주당의 전국 위원장을 거쳐 미합중국 우정장관의 직위에까지

올랐다.

어느 날 제임스와 회견하는 자리에서 그의 성공 비결을 묻자, 이렇게 대답했다.

"부지런히 일한 결과입니다."

"그것밖에 없습니까?" 하고 다시 묻자, 그는 거꾸로 내 의견을 물었다.

"그러면 당신은 어떤 것이 있다고 생각하십니까?"

"선생님께서는 만 명이나 되는 사람들의 이름을 기억하고 계시는 것으로 알고 있는데요……."

내가 이렇게 말하자, 그는 이를 정정했다.

"아니, 사실은 5만 명입니다."

제임스 파알리는 석고 회사의 외무판매원으로서 각지를 돌아다니기도 하고 스토니 포인트 군청의 서기로 근무한 적도 있는데, 그동안 그는 사람의 이름을 기억하는 방법을 고안해 냈다.

그 방법이란 매우 간단한 것이었다.

처음 인사를 나누게 되면 상대에게 반드시 이름과 가족, 그리고 직업과 정치에 관한 의견 등을 알아내고 그것을 모두 기억 속에 간직해 두었다.

그리고 다음에 만났을 때, 가령 1년 후라도 상대방의 어깨를 툭툭 치며 그의 집안 안부를 물으면서 정원에 있는 화초 이야기 등 여러 가지 일에 관해 얘기를 나누곤 했다.

그러다 보니 사람들이 자연히 그를 친근하게 생각하고, 그를 지지하는 사람의 수가 차츰 늘어났다.

이러한 제임스 파알리의 친화력은, 프랭클린 루스벨트가 대통령으로 당선되는 데도 영향을 미쳤다는 이야기가 있다.

루스벨트가 대통령에 출마했을 때, 제임스 파알리는 서부 및 서북부의 여러 주에 있는 사람들에게 매일 수백 통의 편지를 썼다. 그리고 15일 동안 20개 주를 순방하며 그 고장 유지들과 식사와 차를 나누면서 서로 흉금을 털어놓고 이야기를 나누는 등으로 바쁜 여정을 보냈다고 한다.

그리고 동부로 돌아와서, 그는 자기가 돌아온 도시며 지방의 대표자들에게 일일이 편지를 보내 집회에 참석한 사람들의 명단을 보내달라고 부탁했다.

집회에 모인 사람의 수가 수만에 이르렀으나, 명단에 올라 있는 사람은 한 사람도 빠짐없이 민주당 전국 위원장 '제임스 파알리로부터' 정성 어린 사신(私信)을 받았다고 한다.

그 편지는 '빌 씨'라든가 '조셉 씨'라든가 하는 서두로 시작해서 가까운 친구 간에 주고받는 듯한 어투로 쓰였으며, 일일이 직접 서명을 했다고 한다.

제임스 파알리는 인간이란 존재가 자신의 이름에 굉장한 관심을 갖는다는 점을 일찍부터 간파하고, 그것을 자신의 삶의 방식에 대입시켜 성공한 것이다.

그렇다면 앤드류 카네기의 성공의 비결은 무엇인가?

카네기는 '강철 왕'이라고 불리고 있지만, 카네기 본인은 강철에 관해서는 별로 아는 바가 없었다. 대신에 그는 강철에 관해 잘 알고 있는 수백 명의 기술자를 고용했고, 단순한 기술이나 지식보다는 사람을 다룰 줄 아는 뛰어난 재능으로 부자가 되었다고 한다.

그는 어렸을 때부터 조직을 만들고 통솔하는 데 뛰어난 재능을 보였다. 이미 열 살 때 인간은 누구나 자기 이름에 대해 특별한 관심이 있다는 것을 간파했으며, 그러한 인간 속성을 이용하여 타인의 협력을 얻어내기까지 했다.

그가 열 살 되던 해 어느 날 토끼 한 마리를 구했는데 그 토끼가 얼마 안 있어 여러 마리의 새끼를 낳았다. 토끼우리는 새끼들로 가득 찼고, 먹이는 턱없이 부족했다.

그래서 그는 고심을 거듭한 끝에 동네 아이들에게 토끼 밥이 될 풀을 뜯어오도록 해야겠다고 생각하고 아이들을 불러 모았다. 그리고는 토끼풀을 많이 뜯어오는 사람의 이름을 어린 토끼에게 붙여주겠다고 약속했다.

그 계획은 제대로 들어맞았다. 아이들은 자신의 이름이 붙은 토끼를 위해 먹이를 쉴 새 없이 찾아다녔으며 정성껏 돌보았다. 그 덕분에 이후에는 카네기가 신경을 쓰지 않아도 될 만큼 토끼는 무럭무럭 잘 자랐다.

카네기는 장성한 후에도 그때의 일을 결코 잊지 않았다. 그는 거래처의 상호나 사장 이름은 물론이고 수많은 노동자의 이름까지 기억하고 존중해 줬으며, 이러한 것이 성공의 밑바탕이 되었음은 두말할 나위가 없다.

또한 그는 자신이 기업을 맡고 있는 동안에 스트라이크가 한번도 일어나지 않았다는 것을 자랑으로 생각하고 있다.

이처럼 인간은 자신의 이름에 비상한 긍지를 가지고 있고, 누구에게 기억되거나 후세에 남기려고 애를 쓴다. 미국의 구두쇠로 이름난 영화제작자 바넘조차도 자신의 이름을 남기기 위해 서슴없이 거액의 재산을 내놓았지 않았는가.

또한 도서관이나 박물관에는 자기들의 이름을 후세에 남기고 싶은 사람들이 기증한 값진 물건들이 상당히 많다. 대표적으로 뉴욕 시립도서관의 아스터 컬렉션이라든지 레녹스 컬렉션을 들 수 있으며, 메트로폴리탄 박물관에는 벤자민 알트만이나 모건의 이름이 영구히 남아 있다.

대개의 사람들은 타인의 이름을 잘 기억하지 못한다. 바빠서 기억해둘 여유가 없다는 것이 주된 이유이다.

하지만 아무리 바쁘다고 한들 루스벨트보다 더 바쁜 사람은 그리 많지 않을 것이다.

그런데 루스벨트는 오다가다 만난 일개 기계공의 이름을 기억하기 위해서도 시간을 바쳤다고 한다.

그의 실례를 살펴보자.

크라이슬러 자동차 회사가 루스벨트를 위해 특별한 승용차를 제작한 적이 있다.

그때 W. F. 체임벌린은 기계공 한 사람을 데리고 승용차를 대통령 관저에 배달해 주었다.

체임벌린은 그때의 광경을 다음과 같이 말하고 있다.

『나는 대통령께 특수한 장치가 많이 달린 자동차의 조종법을 가르쳐드렸는데, 대통령께서는 나에게 훌륭한 인간 조종법을 가르쳐주셨습니다.

관저에 들어가자 대통령께서는 매우 기분 좋은 표정으로 내 이름을 다정하게 불러주셨지요. 그리고 이런저런 말씀을 친근하게 하셨기 때문에 나는 긴장이 다소 풀리면서 마음이 편안해졌습니다.

특히 나의 설명에 깊은 관심을 갖고 흥미롭게 경청해 주신 점이 감명 깊었습니다.

그 차는 당시에는 보기 드문 오토매틱으로 양손만으로 운전할 수 있게 만들어져 있어서, 새로운 차를 보려고 수많은 구경꾼들이 모여들었습니다.

대통령께서는 "이거 참 신기한데. 단추를 누르기만 하면 조종할 수 있다니 정말 훌륭하군. 그래 내부 장치가 어떻게 되어 있을까? 틈이 있으면 한번 분해해서 자세히 살펴보고 싶군." 하고 말씀하시는 것이었습니다.

대통령은 자동차를 들여다보고 있는 여러 사람들 앞에서 나를 보고 "체임벌린 씨, 이렇게 좋은 차를 만들려면 평소 많은 노력을 했겠군요. 당신의 아이디어에 깊이 경탄하는 바입니다."라고 하시면서 라디에이터, 백미러, 시계, 조명기구, 조종석, 트렁크 속을 하나하나 살펴보며 칭찬을 거듭하셨습니다.

대통령은 나의 노고를 속속들이 이해해 주시는 듯했습니다.

또한 대통령은 부인이며 노동장관인 파킨즈 여사 그리고 비서 등 주위에 있는 사람들에게도 그 자동차의 새로운 장치를 보여주면서 설명하는 것을 잊지 않으셨습니다.

그리고 일부러 나이 많은 흑인 하인을 부르시더니, "조지, 이 특제품 슈트케이스는 각별히 조심해서 다루도록 하게." 하고 주의를 시키셨습니다.

나는 그곳에 기계공 한 사람을 데리고 갔었는데, 대통령께서는 한 번밖에 그의 이름을 듣지 않았는데도 헤어질 때 그의 이름을 불러주면서 악수를 나누셨습니다.

나는 깜짝 놀라면서도 대통령의 말씀이나 행동 하나하나가 마음속에서 우러나온 진심이라는 것을 분명히 느낄 수 있었습니다.』

프랭클린 루스벨트는 사람들의 호감을 사기 위해서는 상대방의 이름을 기억하고, 상대방이 자신의 중요성을 깨닫도록 해주는 것임을 일찍부터 알았던 것 같다.

그런데 간단한 비법임에도 불구하고 이를 알고 있는 사람은 그리 많지 않은 것 같다. 여러분도 처음 사람을 만났을 때 소개를 받은 지 2, 3분도 지나지 않아 상대방의 이름이 생각나지 않는 경우가 있었을 것이다.

특히 정치가들은 유권자들의 이름을 기억해 둘 필요가 있다. 그것을 잊어버린다는 것은 곧 자신의 유권자들에게 자신이 망각되어 버린다는 것을 의미하니까 말이다.

또한 타인의 이름을 기억한다는 것은 비즈니스나 사교에 있어서도 정치의 경우 못지않게 중요하다.

나폴레옹 3세는 바쁜 중에도 소개받은 사람의 이름을 기억하고 있다고 말한다.

그가 사용한 방법이란 지극히 간단했다.

상대방의 이름을 분명히 알아듣지 못했을 때 '미안하지만, 다시 한 번 말씀해 주십시오.'라고 부탁한다. 만약 그 이름이 특이한 경우에는 철자법까지도 물어본다. 상대방과 이야기하는 도중에 그는 몇 번이고 되풀이해서 상대방의 이름을 불러주고, 상대방의 얼굴이며 표정, 체격 등을 머릿속에 기억해 두려고 노력한다.

만약 상대방이 자신에게 중요한 사람이라면 그는 더욱 노력을 기울인다. 그리고 곧 메모지에다 상대방의 이름을 기록해 놓고 기억시킨다. 이처럼 눈과 귀를 동원하면 효과적으로 기억할 수 있기 때문이다.

이것은 상당히 시간이 걸리는 방법이기는 하지만, 에머슨의 말을 빌리면 '좋은 습관은 희생을 쌓아올림으로써 길러지는 것.'이라고 한다.

그러므로 사람의 호감을 사기 위해서는 상대의 이름을 기억하는 습관을 몸에 익히는 것이 필요하다.

이름이란 인간에게 있어서 무엇보다도 소중하기 때문에 영향력 또한 강력할 수밖에 없다는 사실을 잊지 말기 바란다.

▶ 자신의 이름을 기억하고 불러주는 것은 어설픈 칭찬의 말보다 훨씬 기분 좋은 일이다.

▶ 카네기는 거래처의 상호나 사장 이름은 물론이고 수많은 노동

자들의 이름까지도 기억하고 존중해 줬다. 그것이 그가 성공을 거두게 된 비결이다.

▸ 루스벨트 또한 상대방의 이름을 기억하고, 그에게 자신에 대한 중요성을 갖게 함으로써 많은 사람들로부터 지지를 받았다.

▸ 이름이란 인간에게 있어서 가장 소중한 것이기 때문에 영향력 또한 강력할 수밖에 없다는 사실을 잊지 말기 바란다.

10
상대의 이야기를 경청하라

상대방의 말에 귀 기울여준다는 것은 상대에게 표할 수 있는 최고의 경의이다.

성공적인 사업 면담의 비결은 무엇일까?

온후한 학자인 찰즈 W. 엘리어트는 이렇게 말한다.

"성공적인 비즈니스에 특별한 비결은 없다. 당신에게 이야기하고 있는 사람에게 전적으로 주의를 기울이는 것이 가장 중요하다. 이것보다 더 효과적인 인간관계는 없을 것이다."

참으로 간결한 명언이다. 하지만 이러한 내용을 배우기 위해서 몇 해씩이나 하버드대학에서 공부할 필요는 없다.

하지만 비싼 장소에 빌딩을 세워놓고 고가품을 진열한 후 수백 불을 들여 광고를 하면서도, 고객의 발을 끊게 하는 교양 없는 점원을 고용하고 있는 경영인은 의외로 많다.

여기에 J. C. 우튼의 경험을 예로 들어보자.

그는 바닷가 뉴저지에 있는 기업 도시 뉴와이어의 한 백화점에서 양복 한 벌을 샀다.

얼마 안 가서 그 양복은 그를 실망하게 만들었는데, 그 까닭인즉 양복의 염색이 셔츠에 묻어서 칼라를 더럽혔던 것이다.

그는 양복을 그 점포로 싸들고 가서, 판매했던 점원을 붙들고 이 사실을 말했다.

'말했다'는 것은 좀 앞선 표현이고, 그는 이 사실을 말하려고 했지만 끝내 말을 하지 못하고 말았다. 점원이 그의 말문을 막아 버렸던 것이다.

"우리는 그간 양복을 수천 벌이나 팔아 왔는데, 이렇게 트집을 잡는 사람은 손님이 처음입니다. 무엇인가 분명히 손님께서 잘못한 것이 있을 겁니다."

점원이 이렇게 퉁명스럽게 대꾸하며 역습해 왔기 때문이다.

우튼이 몹시 불쾌한 감정을 억지로 누르고 있는데, 이번에는 옆에 있는 다른 점원이 참견을 해왔다.

"검은 양복이란 처음에는 다소 물이 빠지게 마련이죠. 그 값으로는 그 정도의 양복밖에 살 수 없으니 어쩔 도리가 없잖아요."

그 말을 듣는 순간, 우튼은 심한 배신감과 모욕감을 느꼈다.

우튼은 이야기를 계속하면서 이렇게 주석을 달았다.

『첫 번째 점원은 내 정직성을 의심했고, 두 번째 점원은 내가 산 물건이 고급품이 아니라는 것을 알려준 것입니다.

내 화가 절정에 달하여 그들에게 소리를 지르려는데, 마침 백화점의 책임자가 옆을 지나쳤습니다. 그 사람은 고객을 대하는 방법을 잘 알고 있었던지, 그때까지의 내 마음을 완전히 바꿔놓았습니다.

그는 잔뜩 화가 난 나를 다음과 같은 방법으로 단골손님으로 만들어 놓았습니다.

첫째, 그는 내 이야기를 처음부터 끝까지 한마디의 대꾸도 하지 않고 들어주었습니다.

둘째, 내 이야기가 끝나자 점원들이 재차 그들의 의견을 주장하려 했습니다. 그런데 그는 내 입장에 서서 그 점원들의 잘못을 지적했습니다. 내 칼라가 양복 때문에 몹시 더러워졌다는 사실을 인정했고, 손님을 완전히 만족시켜주지 못하는 물건은 절대로 팔아서는 안 된다고 말했습니다.

셋째, 그는 무엇 때문에 문제가 되고 있는가를 알아차리지 못한 점을 사과하고는 '양복을 어떻게 해드리면 되는가를 말씀해 주십시오. 말씀하신 대로 무엇이든 해드리겠습니다.' 하고 말했습니다.

나는 몇 분 전까지만 해도 그 마땅치 않은 양복을 돌려줘 버릴 생각이었지만, 그의 말을 듣고 나서 이렇게 대답했습니다.

"충고를 듣고 싶을 뿐입니다. 이런 상태가 일시적인 것인지, 또는 이를 방지할 무슨 방법이 있는지……."

그는 일주일만 더 입어보라고 권하면서, 그때도 만족스럽지 못하면 다른 것과 바꿔주겠다고 약속했습니다.

"불편을 끼쳐 드려서 대단히 죄송합니다." 하는 말을 끝으로 나는 흡족한 마음으로 점포를 나왔습니다.

일주일이 지나니, 그 양복에 아무런 이상도 나타나지 않았습니다.

따라서 그 백화점에 대한 나의 신용은 완전히 회복되었습니다.』

어느 날 모직물 회사의 창립자인 테트머의 사무실에 한 고객이 화를 내며 뛰어 들어왔다.

이 고객은 후에 양복지 업자에게 모직물을 배급해 주는 세계 최대의 공급자가 된 사람이다.

『이 손님은 15불의 빚을 진 사람입니다. 손님께선 사실을 부인하지만, 그것은 사실입니다. 그래서 우리 회사의 신용부는 그에게 지불을 요청했지요.

그는 신용부에서 보낸 여러 장의 서한을 받고서 우리 사무실로 달려왔는데, 한 푼의 채무도 지불할 수 없을 뿐더러 앞으로는 테트머 모직물 회사로부터 한 푼어치의 물건도 구입하지 않겠다고 통고했습니다.

나는 그가 말하고자 하는 말을 참을성 있게 들었습니다. 말을 가로막고 싶은 충동을 느끼면서도, 그것이 좋지 않은 방법이란 것을 알고 있었기 때문에 그가 하고 싶은 말을 다 마칠 때까지 내버려두었던 것입니다.

그의 화가 풀어지기를 기다렸다가 나는 조용히 말했습니다.

"이 말씀을 하시기 위해 시카고까지 오신 데 대해 감사드립니다. 선생께 적지 않은 불편을 끼쳤다고 생각합니다.

만일 우리 회사의 신용부가 선생을 화나게 했다면 다른 고객들도 역시 화나게 했을 터이니, 이것은 참으로 좋지 않은 일입니다. 나를 믿어주십시오. 나는 선생께서 말씀하시려는 문제보다 이 일이 더 알고 싶습니다."

내가 보기에, 그는 다소 실망한 것 같았습니다. 그는 이것저것 따지려고 시카고까지 왔는데, 내가 그에게 시비를 가리려 하거나 화를 내는 대신 감사의 뜻을 표했기 때문입니다.

우리 직원들이 수천 개의 장부를 다루는 데 비해 그는 한 장부만을 조심스럽게 다루므로, 나는 그의 채무 15불을 없던 것으로 간주하고 취소해 주겠다고 약속했습니다. 그가 우리보다 실수율이 낮을 것이라는 점을 인정한 것입니다.

나는 그가 느끼고 있던 것을 이해할 수 있으며, 내가 그의 입장이라도 역시 똑같이 행동했을 것이라는 점을 말해 주었습니다. 아울러 그가 이후로는 우리에게 아무것도 사지 않겠다고 작정했기 때문에 다른 모직물상을 추천해 주었습니다.

그리고 점심을 같이하자고 청했습니다. 그는 반갑지 않은 표정으로 마지못해 나의 청을 수락했지만, 우리가 사무실로 다시 돌아왔을 때 그는 다른 때보다 훨씬 많은 물건을 주문해 주었습니다.

그가 누그러진 마음으로 돌아간 다음 나는 사무실에서 청구서 철을 뒤적거리다가 잘못 처리된 15불짜리 청구서를 발견했습니다.

나는 사과의 말과 함께 그 돈을 송금해 주었습니다.

그 후로 우리는 절친한 친구가 되었으며, 그는 테트머 회사의 영원한 고객으로 남게 되었습니다.』

수백 명의 저명인사를 인터뷰했던 세계적인 저널리스트 아이작 F. 마코슨은 "많은 사람들이 경청이라는 미덕을 다하지 않은 탓으로 좋은 인상을 주는 데 실패하고 있다."고 단언하면서 이렇게 부연한다.

"그들은 다음에 자신이 무엇을 말할 것인가에 정신이 팔려 남의 이야기는 거의 듣지 않습니다. 하지만 대단히 중요한 위치에 있는 사람들은 말을 잘하는 사람보다 남의 이야기를 잘 듣는 사람을 높이 평가하며, 남의 이야기를 잘 듣는 능력이 다른 어떤 특성보다도 바람직한 것으로 생각한다고 말합니다."

대단한 사람들만 좋은 경청자를 바라는 것이 아니라, 범인(凡人)들도 자신의 이야기를 잘 들어주는 사람을 좋아하고 친밀감을 갖는다. 하지만 실제로 경청을 잘하는 사람은 그리 많지 않다.

언젠가 리더스 다이제스트에 다음과 같은 말이 실린 적이 있다.

'사람들은 자신들이 필요로 하는 것이 청취자인 경우에는 의사를 부른다.'

링컨이 남북 전쟁의 암흑 시기에 일리노이 주에 있는 한 친구에게 서한을 보내서 워싱턴에 오도록 요청했다. 링컨은 그와 의논하고 싶은 문젯거리가 생겼다고 전했다.

그 나이 먹은 이웃 친구가 백악관을 방문하자, 링컨은 노예해방을 선언하는 데 따르는 문제에 관해 몇 시간 동안 이야기했다.

링컨은 그 방침의 찬부 논의에 대해서까지 이야기를 마친 다음, 노예 해방을 망설이는 자를 비난하거나 노예 해방에 대한 두려움을 비난하는 각종 서한과 신문 기사를 읽어주었다.

몇 시간을 이렇게 얘기한 뒤, 링컨은 그에게 아무런 의견도 물어보지 않고 돌려보냈다.

링컨은 이렇게 자기 할 말만 했던 것이다.

"그는 이야기를 마친 뒤, 퍽 마음이 편해진 듯이 보였습니다."

이렇게 그 늙은 친구는 말했다.

링컨은 충고를 바랐던 것이 아니라, 그의 짐을 넘겨줄 만한 친근하고 동정적인 경청자가 필요했던 것이다.

이것은 곤란에 봉착했을 때 우리 모두가 필요로 하는 것이며, 특히 화가 난 고객이나 불만스러운 고용인, 또는 기분이 상한 친구들에게 필요한 말이다.

만일 사람들이 당신을 피하고, 등 뒤에서 조소하며 당신을 경멸하기를 바란다면 그 비결은 간단하다. 즉 그것은 다른 사람의 말을 경청하지 않으면 된다.

상대의 기분과는 상관없이 당신 말만 해봐라. 다른 친구가 얘기하고 있는 동안, 무슨 생각이든지 떠오르면 그의 말이 끝나기를 기다리지 마라. 그는 당신처럼 예민하지 못한데, 무엇 때문에 그 친구의 부질없는 잔소리를 경청하느라고 시간을 낭비한단 말인가.

당신도 이런 부류의 사람을 본 적이 있을 것이다.

이것은 이기심에 도취된 표현으로, 자기가 얼마나 중요한 사람이고 자신의 생각만이 옳다고 말하는 것이 전부일 뿐이다.

자기 자신에 관해서만 이야기하는 사람은 자기만을 생각하는 사람이다.

"자신만을 생각하는 사람은 구제될 수 없는 무교육자다. 그가 어떤 공부를 했다 하더라도, 그는 교육을 받지 않은 사람인 것과 다름없다."는 말을 상기하기 바란다.

컬럼비아대학 총장인 니콜라스 머레이 버틀러 박사는 "당신이 만일 훌륭한 화술가가 되기를 열망한다면 열중하는 경청자가 되어라."라고 조언했고, 찰즈 노담 리 여사는 "자신이 흥미를 갖기 위해서는 남에게 흥미를 주어야 한다."라고 귀띔한 적이 있다.

그러므로 사람들이 당신을 좋아하게 하기 위해서는 남이 대답하기를 즐거워하는 것을 질문해라. 아울러 남이 그 자신과 업적에 관해 이야기할 의욕을 북돋워주어라.

또한 당신이 이야기하고 있는 상대는 당신과 당신의 문제보다 자기 자신과 자신의 문젯거리에 대해 더 많은 관심을 가지고 있다는 사실을 상기해라.

▶ 만일 당신이 훌륭한 화술가가 되기를 열망한다면, 상대의 의견에 열중하는 경청자가 되어라.

▶ 자신이 흥미를 갖기 위해서는 남에게 흥미를 주어야 한다.

▶ 당신이 사람들로부터 조소당하고 경멸받아도 상관없다면, 상대의 기분과는 상관없이 대화 중에 상대의 말을 잘라먹어라.

▶ 사람들은 다음에 해야 할 자신의 말에만 신경을 쓰기 때문에 상대의 말을 거의 듣지 않는 경향이 있다.

2장

상대방을 설득하는 기본 원리

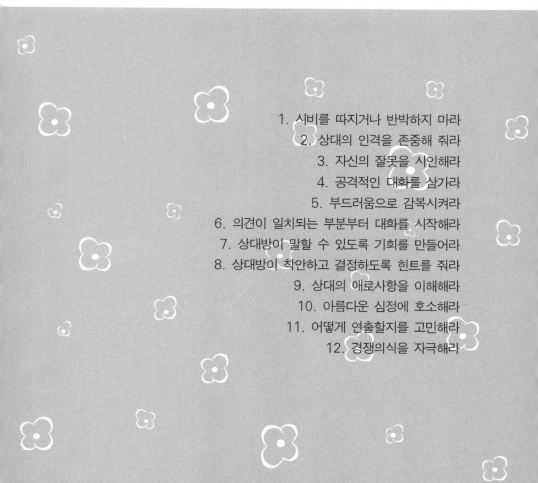

시비를 따지거나 반박하지 마라

상대와 대화를 하거나 토론에서 상대를 제압하는 최선의 방법은 한 가지밖에 없다. 그것은 의견 충돌을 피하는 것이다.

의견 충돌은 거의 예외 없이 서로 자기주장이 옳다고 확신시키는 선에서 끝나 버리기 마련이다. 그러므로 시비를 통해 이긴다는 것은 불가능하다.

비록 이겼다고 하더라도 결과는 진 것이나 다름없다. 왜냐하면 굴복시킨 쪽은 크게 의기양양해하겠지만, 공격을 당한 쪽은 열등감을 느끼며 자존심이 상해 분개할 것이기 때문이다.

억지로 설득 당한 것과 수긍하는 것은 다르다는 말이다.

미국의 한 생명보험회사는 사원의 수칙 요령으로 다음과 같은 방침을 확립해 놓고 있다.

'시비를 하지 말 것.'

참다운 외무사원의 자격은 원리 원칙을 잘 따지는 데 있지 않다. 사람의 마음은 시비를 따져서 바꿀 수 있는 것이 아니기 때문이다.

그 좋은 예가 있다.

늘 시비를 일삼는 패트릭이라는 트럭 세일즈맨이 있었다.

그는 고객을 방문했을 때 자신이 팔려는 트럭에 대해 단점을 지적당하면, 무턱대고 시비를 걸거나 거침없이 화를 내곤 했다. 그리고는 자신이 상대를 제압했다고 생각했다. 또한 자신의 주장을 무조건 고객에게 주입시키고는 '어때요, 역시 내게 졌지요.'라고 만족스러워했다.

그는 상대를 확실하게 한 대 먹이기는 했지만 트럭은 한 대도 팔지 못했다. 그것을 깨달은 패트릭은 대화의 요령을 배우기에 앞서 침묵을 지켜 시비를 일으키지 말아야겠다고 결심했다.

그 후 패트릭은 이와 같은 결심을 지속적으로 실천하여 뉴욕 화이트 모터 회사의 톱 세일즈맨이 되었다.

그가 최고의 세일즈맨이 되기까지의 요령을 들어보자.

『가령 지금 내가 물건을 팔기 위해 고객을 만났을 때, 상대로부터 "그 트럭은 고장이 잘 나잖소. 거절하겠소. 산다면 후즈일의 트럭을 사겠소." 하고 말했다고 하자. 그러면 "아, 그 말씀은 옳은 말씀입니다. 후즈일의 트럭을 사시면 후회하지 않을 겁니다. 회사도, 제품도 모두 훌륭하고 우수합니다."라고 나는 말한다.

이렇게 되면 고객의 두 번째 말발이 서지 않는다. 시비의 여지가 없기 때문이다. 상대가 후즈일의 차가 가장 좋다고 말했을 때 이쪽에서 그렇다고 대답하니, 상대에게 할 말이 없을 수밖에 없는 것이다. 이쪽이 동의하고 있는데, 더 이상 그 제품이 최고라고 강조할 이유가 없기 때문이다. 그래서 다음번에는 화제를 바꿔 또 다른 회사 트럭의 장점을 말하기 시작할 것이다.

예전 같으면 이런 얘기를 듣는 즉시 버럭 화를 내거나 후즈일의 나쁜 점을 말하기 시작했을 것이다. 그러나 나는 그것은 나 자신에게 마이너스 요소가 될 뿐이며, 내가 화를 내면 낼수록 상대가 후즈일 편을 들게 된다는 것을 깨달았다.

지금 돌이켜 생각하니, 그런 식으로 영업을 하면서 어떻게 견뎌냈는지 나 스스로가 이상할 정도이다. 나는 오랫동안 시비와 싸움으로 손해를 보며 시간을 낭비했던 것이다. 그러나 지금은 굳게 입을 다물고 있다. 그 덕분에 나의 자동차 판매 대수는 날로 늘어나고 있다.』

벤자민 프랭클린은 다음과 같이 말하고 있었다.

"시비를 하거나 반박을 하고 있는 동안에는 상대에게 이기는 것처럼 느껴질 것이다. 그러나 그것은 헛된 승리이다. ─ 상대의 호의는 절대로 얻어낼 수 없기 때문이다."

이론 투쟁의 화려한 승리를 얻는 것이 좋은가, 아니면 상대의 호의를 받는 편이 좋은가? ─ 이 두 가지는 좀처럼 양립될 수 없다.

어느 날 〈보스턴 트란스크 리프트〉지(誌)에 다음과 같은 재미있는 시(詩)가 실렸다.

여기에 윌리엄 주가 영원히 잠들다
올바른 위에도 또 올바른 길을 걷다 잠들다
올바르지 않은 길을 걸은 자와 같이 잠들다.

올바른 위에, 더욱 올바른 시비를 아무리 한다 해도 상대의 마음은 변치 않는다. 그것은 올바르지 않은 시비를 하는 것과 하등 다를 바가 없기 때문이다.

우드로 윌슨 내각의 재무장관 윌리엄 G. 맥도바는 다년간의 정치 생활에서 "무지한 인간도 시비로 이기는 것은 불가능하다."는 것을 깨달았다고 말하고 있다.

'무지한 인간'이라고 하는 것은 그가 자기 자신을 겸손하게 낮추어 얘기하는 것이며, 지능지수의 여하를 불문하고 시비를 가지고는 어떤 인간의 생각도 바꿀 수 없다는 말이다.

실례를 들어보자.

소득세 자문 일을 하고 있는 파슨즈와 세무감사관이 세금 문제로 논쟁을 벌였다. 9천 달러의 한 항목이 문제가 된 것이다.

파슨즈는 이 9천 달러는 상대 회사의 도산으로 도저히 회수가 불가능하니 과세의 대상이 되어서는 안 된다고 주장했다. 그러나 감사관은 그 사실을 인정하지 않았다.

그때의 대화 내용을 재현해 보자.

그 감사관은 냉혹・오만 ・완고해서 아무리 이유를 설명하고 사실을 나열해도 전혀 받아들이지 않았으며, 시비를 하면 할수록 오히려 고집통이 됐다. 그래서 파슨즈는 시비를 그만두고 화제를 바꿔서 상대를 칭찬하기로 했다.

파슨즈는 "정말 당신의 일은 힘들겠어요. 이런 문제는 극히 사소한 일이겠지만, 보다 중요하고 어려운 일도 많을 겁니다. 이 일을 하기 위해 나도 조세 공부를 하고 있습니다만, 나의 경우는 책에서 얻은 단편적인 지식에 불과하지요. 하지만 당신은 실제의 경험을 통해 지식을 얻고 있으니 정말 부럽습니다."라고 말했던 것이다.

그러나 그것이 그의 본심은 아니었다.

그러자 감사관은 의젓한 자세로 고쳐 앉더니 자랑스럽게 자기의 직업에 대해 긴 얘기를 늘어놓기 시작했다. 자기가 적발한 교묘한 탈세 사건의 이야기를 할 때는 그 어조가 점점 부드러워졌다. 이렇게 이야기가 무르익자, 자기 아들 얘기까지 그에게 하는 등으로 친근함을 보였다. 그러다가 돌아갈 즈음에는 문제의 항목에 대해서는 좀 더 생각해 보고 2, 3일 내로 회답하겠다는 약속까지 해주었다.

3일 후, 감사관이 그의 사무실로 직접 찾아와서 세금이 신고대로 결정되었다는 뜻을 전해 줬다.

이 감사관은 인간의 가장 보편적인 약점을 드러내고 있는 사람이다. 그는 상대에게 자신의 중요성을 인정받고 싶었던 것이다.

파슨즈 씨와 논쟁을 하는 동안에 자기의 권위를 행세함으로써 중요성을 과시했는데, 그러한 중요성이 인정되자 논쟁이 중지된 것이다. 그리고는 자아가 확대되자, 즉각적으로 친절하고 선량한 인간으로 돌아온 것이다.

나폴레옹의 집사를 하고 있던 콘스탄트는 황후 조세핀과 자주 당구를 쳤다.

그가 쓴 《나폴레옹의 사생활 회고록》에는 다음과 같은 고백이 쓰여 있다.

"나의 당구 실력은 상당한 수준이었으나, 황후에게는 항상 이기는 것을 양보했다. 황후는 그것이 매우 기뻤던 모양이다."

이 고백은 귀중한 교훈을 내포하고 있다.

우리들도 고객이나 애인 혹은 남편이나 친구와 의견 충돌이 생길 경우, 승리를 상대에게 양보해 보면 어떨까……

부처님 법문 중에 "미움으로는 영원히 사라지지 않는다. 사랑을 가지고서야 비로소 사라진다."는 말이 있다.

오해는 논쟁으로는 결코 해결되지 않는다. 임기응변, 외교성, 위로 그리고 상대의 입장에서 동정적으로 생각하는 친절함을 보여주어야 비로소 해결된다.

링컨은 어느 날 동료에게 시비를 걸며 싸움을 일삼는 한 청년 장교를 나무란 적이 있다.

"자기 향상을 염두에 두고 있는 사람에게 시비를 걸 시간 따위는 없어야 한다. 시비의 결과 마음이 불쾌해지거나 자제심을 잃게 되므로 아무리 중대한 일이라도 상대에게 양보해야 한다.

골목에서 개를 만났을 때, 개에게 권리를 주장해서 물리기보다는 길을 양보하는 것이 현명하다. 비록 개를 죽인다손 치더라도 상처는 쉽게 낫지 않는다."

사람을 설득하는 최선의 방법은 시비를 피하는 것이라는 말이다.

▶ 참다운 외무사원의 자격은 원리원칙을 잘 따지는 데 있지 않다. 사람의 마음은 시비를 따진다고 해서 바꿀 수 있는 것이 아니기 때문

이다.

▸ 시비를 하거나 반박을 하는 동안에는 상대를 제압하는 것처럼 느껴질 것이다. 그러나 상대의 호의는 결코 얻어낼 수 없다.

▸ 논쟁은 미움으로는 영원히 사라지지 않는다. 사랑을 가지고서야 비로소 사라진다.

▸ 골목에서 개를 만났을 때, 개에게 권리를 주장해서 물리기보다는 길을 양보하는 것이 현명하다.

2
상대의 인격을 존중해 줘라

아무리 훌륭한 플라톤이나 칸트의 논리로 설득을 해도, 자존심을 상하게 하면 상대의 생각은 변하지 않는다. 상처를 입은 것은 논리가 아니라 감정이기 때문이다.

"그럼 당신에게 그 이유를 설명하겠소."

이런 말투는 쓰지 않아야 한다. 이것은 '나는 당신보다 머리가 좋다. 당신의 생각을 고쳐주겠다.'고 말하는 것과 다름없다.

그야말로 도전이다. 상대에게 반항심을 일으키고 전투의 준비를 시키는 것과 같다. 타인의 생각을 바꾸게 하는 일은 대단히 조심스럽고 어려운 일이다. 그러므로 상대를 설득할 때는 그 사람이 눈치채지 않도록 해야 한다.

"가르치지 않는 것처럼 상대를 가르치고, 상대가 모르는 일은 그가 잊어버리고 있는 것이라고 말해 줘라."

이것이 상대를 설득하는 비결이다.

체스터필드 경(1694~1773, 영국의 정치가·외교관)이 자식에게 남긴 처세훈 속에 다음과 같은 말이 있다.

"될 수 있으면 남보다 현명해져라. 그러나 그것을 남이 알게 해서는 안 된다."

그런가 하면 소크라테스도 제자들에게 되풀이해서 다음과 같이 말했다.

"나는 오직 한 가지 일밖에 모른다. 그것은 나는 아무것도 모른다는 것이다."

상대가 틀렸다고 생각되거나 그것이 명백한 잘못이라고 생각될 때는 다음과 같이 서두를 꺼내는 것이 좋을 것이다.

"나는 그렇게 생각하지 않았습니다만, 그동안 내가 잘못 알고 있었다면 고치고 싶습니다. 다시 사실을 잘 생각해 봅시다."

'아마 나의 잘못일 겁니다. 다시 사실을 잘 생각해 봅시다.'라는 문구에는 이상할 만큼 효력이 있어서, 이에 대해 반대하는 사람은 아무도 없을 것이다.

이것은 또한 과학적인 방법이다. 북극 탐험가로서 유명한 과학자 빌 스테팬슨(Vilhjalmur Stefansson)은 물과 고기만으로 11년간 북극권의 생활을 한 체험의 주인공이다.

그는 다음과 같이 말하고 있다.

"과학자란 아무것도 증명하려고 애쓰지 않습니다. 다만 사실을 발견하려고 노력할 뿐입니다."

이 과학자의 말처럼, 우리들도 어떤 일에 대해 과학적으로 생각해 보면 어떨까.

'그동안 내가 잘못 알고 있었나 봅니다' 또는 '아마 나의 잘못일 것입니다.'라고 말하면, 귀찮은 일이 생겨날 염려는 절대로 없다. 오히려 그것으로 시비가 종결되고, 상대도 이쪽에 관대해지면서 공정한 태도를 취하고 싶어 할 것이다. 또한 자기가 틀렸을지도 모른다고 반성의 마음을 갖게 될 것이다.

상대가 분명히 나쁘다고 알고 있을 경우에 그것을 노골적으로 지적하면 어떤 사태가 일어나겠는가. 그 좋은 예를 들어보자.

뉴욕의 젊은 변호사 S씨가 미국 최고재판소의 법정에서 변론을 하고 있었다. 그 사건에는 중요한 법률문제와 함께 거액의 돈이 걸려 있었다.

재판관이 S씨에게 "해사법(海事法)에 의한 기한의 규정은 6년이었죠?"라고 말했다.

S씨는 한참 동안 재판관의 얼굴을 쳐다보고 있다가, 이윽고 무뚝뚝하게 응수했다.

"사법에는 기한의 규정이 없습니다."

그때의 상황을 S씨는 다음과 같이 말했다.

"순간, 법정은 물을 끼얹은 듯 조용해지고 차가운 공기가 가득 찼다. 내 말이 옳았으며, 재판관이 잘못 알고 있었던 것이다. 나는 그것을 지적했을 뿐이다. 그러나 상대는 그것으로 내게 호의를 가졌겠는가? 아니, 나는 지금도 내가 옳았다고 믿고 있다. 그때의 변론도 좀처럼 보기 드문 성과였다. 하지만 상대를 납득시키는 힘은 전혀 없었다. 잘못을 지적해서, 도리어 유명한 인물에게 수치를 안겨주었다는 큰 실책을 저질렀던 것이다."

이 세상에서 원칙대로만 움직이는 사람은 좀처럼 찾아보기 쉽지 않다. 대개의 사람은 편견을 가지고 선입감, 질투심, 시기심, 공포심, 자부심 등에 침식당하고 있다. 그리고 자신의 사상이나 종교 등을 좀처럼 바꾸려 하지 않는다.

만약 남의 잘못을 지적하고 싶으면 다음의 문장을 읽고 난 다음에 하는 것이 좋다.

제임스 하베 로빈슨 교수의 명저 《정신의 발달 과정》의 한 구절을 인용해 본다.

『우리들은 자기의 사고방식에 그다지 심한 저항을 느끼지 않고 있다. 그런데 남으로부터 잘못을 지적당하면 화를 내고 고집을 부린다.

우리들은 실로 애매한 동기에서 여러 가지 신념을 갖게 된다. 그러나 그 신념을 누군가가 바꾸려고 하면 우리들은 악착스럽게 반대한다.

이 경우 우리가 중시하고 있는 것은 분명히 신념 그 자체는 아니며, 위기에 처한 자존심이다.

'나의'라는 말이 사실은 이 세상에서 가장 중요한 말이다. 이 말을 올바르게 포착하는 것이 사려와 분별의 시작이다.

'나의' 것, '나의' 생각, '나의' 집, '나의' 아버지, '나의' 하느님 ― 그 아래 무엇이 이어지든지 이러한 '나의'라는 말에는 같은 강도의 의미가 담겨져 있다.

우리들은 시계이든 자동차이든 혹은 천문 · 지리 · 역사 · 의학 등 그 밖의 어떤 지식이든, 자신의 것이라고 생각하는 어떤 것에 대해 욕을 먹게 되면 한결같이 화를 낸다.

우리들은 자신이 진실이라고 알아온 것을 언제까지나 믿고 싶은 것이다. 그런데 그 신념을 누군가가 흔들어놓으면 분개한다. 그리고 어떻게든지 구실을 만들어서 자신의 신념에서 벗어나지 않으려고 애를 쓴다.

대개의 경우, 사람들은 자기의 신념을 고집하기 위한 논의를 찾아내는 데 매이고 만다.』

언젠가 나는 실내장식가에게 방 안의 커튼을 주문한 일이 있다. 청구서를 받은 순간 나는 깜짝 놀랐다.

수일 후 어떤 부인이 찾아와서 그 커튼을 보았다. 얼마의 비용이 들었느냐고 물어서 말해 주었더니 그녀는 마치 승리자와 같은 어조로 외쳤다.

"예상외의 값이군요. 돈을 많이 버신 모양이죠."

그녀가 말한 것처럼 비싸게 산 것은 사실이다. 그러나 자신의 어리석음을 폭로하는 듯한 말을 들으면서 귀를 기울이거나 좋아할 사람은 거의 없다.

역시 나도 한바탕 자기변호를 했다. 비싼 것은 그만한 가치가 있다든가, 고급 제품은 값이 비쌀 수밖에 없다 등으로 여러 가지 변명을 늘어놓았다.

다음 날에는 다른 부인이 찾아왔는데, 그 커튼을 보더니 자기도 돈만 있으면 같은 것으로 바꾸고 싶다고 탐을 냈다. 그때 나의 반응은 그전과는 전혀 달라져 있었다.

"아무래도 바가지를 쓴 것 같아서 후회하고 있습니다."

우리들은 이렇듯 자기의 잘못을 자기 스스로 시인하는 경우가 흔히 있다. 또 자신의 잘못을 타인으로부터 지적받게 된 경우, 상대의 충고가 부드럽고 간접적일 때는 자기의 잘못을 솔직하게 인정하게 된다. 그러나 상대가 강제로 우겨댄다면 쉽게 수긍하지 않는 게 인간의 심리이다.

남북전쟁을 할 무렵, 편집장으로 전국에 이름을 떨친 호러스 그리리는 링컨의 정책에 강하게 반대했던 인물이다.

이 사나이는 조소·비난 따위의 기사로 링컨의 마음을 바꾸려고 몇 년 동안이나 애를 썼다.

링컨이 부즈의 흉탄에 쓰러진 날도 그는 링컨에 대해 불손하기 짝이 없는 인신공격을 그치지 않았다.

그러나 그는 어떠한 효과도 거두지 못했다. 조소나 비난으로 의견을 바꾸게 할 수는 없기 때문이다.

벤자민 프랭클린은 그의 저서에서 논쟁을 좋아하는 자신의 나쁜 버릇을 어떻게 극복했는지, 또한 어떻게 외교 수완에 있어서 미국 최고의 인물이 될 수 있었는지를 말하고 있다.

프랭클린은 혈기 왕성한 젊은 시절에 사람들이 없는 곳에서 한 친구에게 엄격한 설교를 당했다.

"벤, 당신의 태도는 틀렸소. 의견이 다른 상대방에게 마치 따귀를 갈기듯이 시비를 벌이다니……. 그것이 싫어서 당신의 의견을 듣는 사람이 아무도 없지 않소. 당신이 옆에 있지 않는 것이 당신 친구들에게는 무척 반가운 일일 거요. 당신은 자기가 모든 것을 아는 만물박사라고 생각하고 있소. 그러니까 아무도 당신과는 말을 하지 않으려 하는 거요. 당신과 얘기를 하면 불쾌해진다는 사실을 알기 때문에 다들 상대하지 않으려고 한단 말이오. 그렇기 때문에 당신의 지식은 지금 이상으로 발전할 가능성이 없단 것을 알고 있소? 지금의 보잘것 없는 그 지식 이상으로는 말이오."

프랭클린은 친구가 자신에게 말한 이 강경한 충고를 순순히 받아들였다고 한다.

이 친구의 충고대로, 자신이 파멸의 심연을 향해 나가고 있다는 것을 깨닫고 심기 일변한 것이다. 즉 종래의 오만하고 완고한 태도를 즉각 일축하고, 새로운 태도를 취한 것이다.

이 점이 바로 그가 위대해질 수 있었던 비결인 셈이다.

프랭클린은 다음과 같이 그때의 일을 고백하고 있다.

"나는 다른 사람의 의견에 정면으로 반대하거나 단정적으로 말하지 않겠다고 결심했다. 결정적인 의견을 주장하는 그런 말투, 가령 '확실히'라든가 '틀림없이' 따위의 말은 사용하지 않고, 그 대신 '나로서는 이렇게 생각하지만……'이라든가 '내 방법은 이렇습니다…….' 하고 분명히 말하기로 했다.

상대방의 분명한 잘못을 발견했을 때도 즉시 상대의 의견에 반대하거나 상대의 잘못을 지적하지 않았다. 대신에 '그 방법도 좋겠지만, 이 경우는 사정이 다르다고 생각되는데…….' 하는 식으로 의사 표현을 하기로 했다.

이런 방식으로 방법을 바꿔본 결과 매우 큰 이익이 있었다. 타인과의 대화가 훨씬 부드럽게 진행되었다. 또한 겸손하게 의견을 말하므로 상대는 곧 납득했고, 반대하는 사람도 적어졌다. 뿐만 아니라 내 잘못을 인정하는 것이 그다지 고통스럽지도 않았다. 그러다 보니 상대도 자신의 잘못을 보다 더 쉽게 인정하곤 했다.

이 방법을 처음 시작했을 때는 내 성질을 억제하는 데 상당한 고통을 느꼈으나 얼마 지나지 않아 극복하게 되었으며, 이제는 몸에 밴 습관이 되어 버렸다. 아마 그 일이 있고 난 후에 내가 독단적인 말을 쓰는 것을 들은 사람은 아무도 없을 것이다.

새로운 제도의 설정이나 구제도(舊制度) 개혁을 내가 제안했을 때 모두가 찬성해 준 것도, 또한 내가 시의원으로서 시의회를 움직일 수 있었던 것도 나의 제2 천성이 되어 버린 이 방법의 덕분이라고 생각한다.

애당초 나는 말주변이 없어서 단어의 선택에 시간이 걸렸으며, 생각난 말도 매우 적절한 경우는 드물었다. 그러면서도 나는 대개의 경우 나의 주장을 밀고 나갈 수 있었다."

이러한 프랭클린의 방법이 사업에 어떤 도움이 되는지 예를 들어 설명해 보려 한다.

뉴욕의 리버티 가(街)에서 제유관계(製油關契)의 특수 장치를 판매하고 있는 마하니 씨의 이야기이다.

그는 어느 날 단골로부터 주문을 받았다. 상대방에게 청사진을 제시한 후 좋다는 결론이 나와 그 장치의 제작에 착수했다. 그런데 뜻밖의 일이 발생했다. 그것을 주문한 단골이 친구들에게서 그 장치에 중대한 결함이 있다는 얘기를 듣게 된 것이다.

그래서 그 단골은 생각을 바꿔, 제작 중인 주문품을 받아들일 수 없다고 통보해 왔다.

그때의 경위를 마하니 씨는 다음과 같이 말하고 있다.

『나는 그 제품을 낱낱이 재검토하여 틀림없다는 것을 확인했다. 그 사람의 이야기는 얼토당토않은 것이었지만, 지금 내 주장만 내세운다면 끝장나고 말 것이라고 생각했다.

나는 그를 찾아갔다. 나를 보는 순간 상대방은 흥분한 나머지 소리를 치며 "어떻게 하겠소?" 하고 물어왔다.

나는 조용히 "당신이 원하는 대로 하겠습니다."라고 대답했다.

"당신은 당연히 원하는 물건을 구입해야 할 것입니다. 그러나 누군가가 이 책임을 지지 않으면 안 됩니다. 만약 당신이 옳다고 생각한다면, 새로운 설계도를 제시해 주십시오. 지금까지 우리는 2천 달러의 비용이 들었습니다만, 당신을 위해서 기꺼이 그만한 돈은 부담하겠습니다. 그러나 당신이 원하는 대로 했을 경우, 그 후에 발생하는 일에 대해서는 당신이 책임지지 않으면 안 됩니다. 저는 아직도 우리가 제시한 방법이 옳다고 확신하고 있습니다. 제작을 맡긴다면 계속해서 책임은 우리가 지겠습니다."

내 말이 끝나자 그의 흥분은 어느 정도 가라앉았고, 그는 결국 우리의 방식이 옳다는 것을 인정했다.

그러나 그때 내가 그 사람으로부터 받은 모욕은 참기 어려울 만큼

심했다. 그는 나를 풋내기 취급했던 것이다.

　시비하지 않기 위해서 참는 것은 무척 힘들었다. 그러나 참은 만큼의 보람은 있었다.

　만약 그때 상대를 이기려고 같이 언성을 높였다면, 손해를 고스란히 끌어안는 것은 물론이고 중요한 고객까지 잃고 말았을 것이다.

　나는 상대의 잘못을 따지는 것으로는 하등의 이익도 생겨나지 않는다는 것을 확신한다.』

　이 장에서 언급했던 사항은 결코 새로운 논리가 아니다. 그리스도는 "조속히 그대의 적(敵)과 화해해라."라고 가르쳤다.

　상대가 누구이든 시비를 해서는 안 되며, 상대의 잘못을 직접적으로 지적해서 상대의 자존심이 상하게 하지 말아야 한다.

　상대를 설득하는 첩경은 상대의 의견에 경의를 표하고 상대의 자존심을 지켜주는 것이다.

　▶ 아무리 훌륭한 논리로 설득해도, 상대의 자존심을 상하게 하면 상대의 생각을 변화시킬 수 없다. 상처를 입은 것은 논리가 아니라 감정이기 때문이다.

　▶ 가르치지 않는 것처럼 상대를 가르치고, 상대가 모르는 일은 그가 잊어버리고 있는 것이라고 말해 줘라.

　▶ 될 수 있으면 남보다 현명해져라. 그러나 그것을 남에게 알게 해서는 안 된다.

　▶ 조소나 비난으로는 결코 상대의 의견을 바꾸게 할 수는 없다.

▸ 상대를 설득하는 첩경은 상대의 의견에 경의를 표하고 상대의 자존심을 지켜주는 것이다.

3
자신의 잘못을 시인해라

자신의 잘못을 발견하면 상대에게 지적받기에 앞서 자기 스스로 고치는 편이 훨씬 유쾌하지 않을까……. 타인의 비난보다는 자기비판의 방식이 훨씬 마음이 편할 테니 말이다.

어떤 일을 잘못했을 때는 자기가 먼저 말하는 것도 한 요령이다. 그렇게 하면 상대는 그 일로 더 이상 할 말이 없어진다. 그리하여 상대방은 관대해지고 이쪽의 잘못을 용서하는 태도로 나오게 될 것이다.

한 가지 예로, 남북전쟁의 남쪽 군 총사령관 로버트 리 장군의 전기를 소개하겠다.

게티스버그의 전투에서, 리 장군은 피켓트 장군의 실패를 자기 혼자서 짊어진 일이 있다.

피켓트 장군의 돌격 작전은 서양의 전쟁사에서도 그 예를 찾아볼 수 없을 만큼 치열한 것이었다. 그런 와중에도 그는 이탈리아 전선에서의 나폴레옹처럼 매일같이 열렬한 러브레터를 썼다.

운명의 날, 그는 부하들의 열렬한 갈채를 받으며 진격을 시작했다.

그들도 군기를 흔들며 총검을 번쩍이면서 장군의 뒤를 따랐다. 참으로 용맹스런 광경이었다.

이 당당한 진군을 바라보고 있던 적진에서도 탄성의 소리가 들려왔다. 피켓트 돌격대는 쏟아지는 적의 탄환을 무릅쓰고 물밀듯이 진격해 들어갔다.

그러나 세미터리 리치에 도착했을 때, 북군의 급습으로 피켓트의 군대는 아수라장이 되고 말았다. 불과 몇 분 사이에 피켓트의 군대는 산산조각이 났으며, 지휘관 중에서 살아남은 장교는 오직 한 사람뿐이었다. 순식간에 5천 명의 군사 중 5분의 4를 잃었다.

어미스데드 대장이 남은 병사들을 이끌고 최후의 돌격을 감행했다. "돌격! 돌격!"을 외치면서 돌담을 넘어 적진 속으로 뛰어 들어간 병사들은 대전란 끝에 마침내 남군의 군기를 세미터리 리치에 꽂는 데 성공했다.

그러나 그것도 순식간의 일이었다. 그 가련한 순간이 남군 세력의 모닥불 같은 처지를 말해 주었다.

피켓트의 돌격 작전은 치열하고 찬란하며 용감무쌍한 작전이었다. 그러나 그것이 남군이 패배한 첫째 요인이 되었다. 리 장군은 이 작전에서 실패했고, 이것으로 남부연맹의 운명이 결정되었다.

완전히 의기를 상실한 리 장군은 당시 남부연맹의 대통령 제퍼슨 데이비스에게 사표를 제출하고, 자기보다도 젊고 유능한 인물을 임명하도록 건의했다.

만약 리 장군이 피켓트의 돌격 작전 실패의 책임을 다른 사람에게 전가하려고 했다면, 얼마든지 변명할 길은 있었을 것이다. 그러나 그는 책임을 전가하기에는 너무나도 고결한 인물이었다.

패배한 피켓트 군대의 병사를 마중하러 혼자서 전선으로 나간 리 장군은 시종일관 자기를 책망했다. 그야말로 숭고하리만큼 철저한 태도였다.

그는 병사들을 향해 "이번 일은 모두가 나의 잘못이다. 책임은 나에게 있다."라고 사죄했다.

그 후 그는 부하에게는 물론 많은 사람들에게 존경받는 인물이 되었다.

대부분의 경우, 누군가가 스스로를 낮추면 상대편은 그의 겸손함을 인정한다. 그러므로 자기가 옳을 때는 친절한 태도로 상대를 설득하고, 자기가 잘못되었을 때는 자신의 잘못을 솔직하게 시인하는 것이 바람직한 태도다.

이 방법을 쓰면 자신이 예기한 것 이상의 효과가 나타난다. 게다가 괴로운 변명을 하는 것보다 이렇게 하는 편이 기분도 훨씬 유쾌해진다. '지는 것이 이기는 것'이라는 속담도 있지 않은가.

사람을 설득하는 요령 중 하나는 자기의 잘못을 즉시 시인하는 것이다.

▶ 자기가 옳을 때는 친절한 태도로 상대를 설득하고, 자기가 잘못되었을 때는 자신의 잘못을 솔직하게 시인하도록 해라.

4
공격적인 대화를 삼가라

화가 났을 때 상대방을 마음껏 공격하고 나면 가슴이 후련해질 수도 있다. 그러나 공격을 당한 쪽은 어떤 기분일까? 상대에게 심하게 당하고 나서, 기분 좋게 상대의 생각을 따르는 것은 아무래도 쉽지 않을 성싶다.

우드로 윌슨 대통령은 다음과 같이 말했다.

"만약 상대가 주먹을 움켜쥐고 달려들면 이쪽도 지지 않고 주먹을 움켜쥐고 맞이하게 된다. 그러나 상대가 협의하려는 자세로 대하면, 아무리 의견이 다르다고 해도 생각한 것보다 심각하지 않게 문제를 해결하거나 의견을 좁힐 수 있다. 서로가 인내와 솔직함과 선의를 가지고 임한다면 말이다."

이와 같은 윌슨의 말을 누구보다도 잘 이해하고 있었던 사람은 록펠러 2세였다.

록펠러는 콜로라도의 민중들로부터 몹시 미움을 받고 있었다.

아메리카 산업사상 보기 드문 대 스트라이크가 2년에 걸쳐서 콜로라도 주를 온통 뒤흔들어놓았다.

록펠러의 회사에 임금 인상을 요구하는 종업원들의 신경이 무척 날카로워져, 회사 건물이 파괴되는가 하면 출동한 군대가 발포까지 하여 피를 흘리는 사태까지 벌어지고 말았다.

이와 같은 격한 대립 속에서 록펠러는 어떻게든 상대방을 설득하고 싶었다. 그리고 결국은 그것을 성취했다.

그의 얘기를 소개한다.

그는 수 주간에 걸쳐 화해를 위한 물밑 작업을 한 후에 파업 측의 대표자들을 모아놓고 연설을 했다.

그의 연설은 감동적이었으며, 그것은 뜻밖의 성과를 거뒀다.

록펠러는 조금 전까지 그를 미워하고 증오하던 사람들을 상대로 지극히 우호적인 어조로 연설을 시작했다.

그 결과, 록펠러는 자신을 둘러싸고 아우성을 치며 증오하는 인파를 진정시킬 수 있었고 다수의 사람들을 자기편으로 만들었다.

록펠러는 이 연설에 우정을 담아 설득해 나갔다. 그러자 노동자들은 그처럼 주장해 오던 임금 인상에 대해서는 아무 말도 하지 않고 각자의 일터로 복귀했다.

그때의 연설 한 부분을 인용해 보자.

『나는 이 자리에 나오게 된 것을 매우 자랑스럽게 생각합니다. 우리는 지금 남남끼리가 아니라 친구로서 만나고 있는 것입니다.

내가 이 자리에 나올 수 있었던 것은, 우리들의 공통된 이해뿐만 아니라 오로지 여러분의 보살핌이 있었기 때문입니다.

……오늘은 나의 생애에서 특히 기념할 만한 날입니다. 이 회사의 종업원 대표 및 간부사원 그리고 여러분들을 이렇게 만날 수 있는 기회를 얻었다는 것은 내게 있어 일찍이 없던 행운입니다. 그리고 나는 이 자리에 나오게 된 것을 매우 자랑스럽게 생각하며, 이 회합은 오래도록 언제까지나 나의 기억에 남으리라고 확신합니다.

만약 이 회합이 2주일 전에 열렸다면, 아마 나는 극히 소수의 분들을 제외하고는 대부분의 사람들과는 인사조차 하지 못했으리라고 생각합니다.

여러분의 호의로 이루어진 자리이므로 저에게는 더욱 값진 시간이 아닐 수 없습니다. 앞으로 최선을 다해 일하겠습니다.』

이 연설을 계기로 록펠러는 그동안 그를 미워했던 많은 사람들을 자기 지지자로 돌려놓을 수 있었다.

만약 록펠러가 다른 방법을 취해서 격렬하게 토론을 벌였다든가 사실을 앞세워 잘못이 노동자 측에 있다고 우격다짐으로 주장했다면, 혹은 그들의 잘못을 이론적으로 증명하려고 했다면 어떻게 되었을까? 그야말로 불에 기름을 붓는 결과가 나타났을 것이다.

상대의 심정이 반항과 증오에 가득 차 있을 경우에는 아무리 무장된 이론으로 따지고 들어도 설득이 불가능하다.

아이를 야단치는 부모, 권력을 행사하는 고용주나 남편, 바가지가 심한 아내는 상대의 마음을 움직일 수 없다. 그러나 반대로 부드럽고 친절한 태도로 얘기를 주고받으면 상대의 마음은 저절로 돌아오는 법이다.

다음과 같은 의미의 말을 링컨은 벌써 1백 년 전에 말하고 있다. "1갤런의 쓴 국물보다도 한 방울의 벌꿀을 사용하는 것이 더 많은 파리를 잡을 수 있다."라는 속담은 어디서나 통하는 말이다.

인간에 대해서도 마찬가지다. 만약 상대를 자기 의견의 지지자로 만들고 싶다면, 우선 당신이 그의 팬이라는 것을 알게 해야 한다.

이것이야말로 사람의 마음을 포착하는 방법이며 상대의 이성에 호소하는 최선의 방법이다.

경영자는 근로자 측과 우호적인 관계를 갖는 것이 현명하다.

그 한 예를 들어보자.

화이트 모터 회사의 2천 5백 명의 종업원이 임금 인상과 유니온 숍(union shop, 노동자를 신규 채용할 경우 사용자는 노동자를 자유롭게 고용할 수 있지만, 일단 고용된 노동자는 일정기간 내에 노동조합에 의무적으로 가입해야 하는 제도)을 요구하며 스트라이크를 일으킨 적이 있다.

그때 사장인 로버트 블랙은 노동자들에게 조금도 섭섭한 감정을 보이지 않고, 거꾸로 그들이 '평화적 태도로 파업에 들어간 것'에 대해 신문 지상을 빌려 감사의 뜻을 전했다.

그리고 사람들이 피켓을 들고 있는 것을 본 그는 운동 도구를 구입해서 주며, 야구나 볼링 등을 해보라고 권했다.

경영자 측이 취한 이 우호적인 태도는 충분한 효과가 있었다. 말하자면 우정이 우정을 낳은 것이다.

노동자들은 그날부터 임금 인상과 유니온 숍 실시를 위해 싸우면서도, 다른 한편으로는 청소를 하는 등 공장을 돌보기 시작했다. 이것이야말로 격렬한 논쟁으로 얼룩진 아메리카 노동사상 일찍이 볼 수 없었던 풍경이었다.

이 스트라이크는 일주일을 넘기지 않고 해결되었고, 쌍방 간에 작은 감정의 대립도 생기지 않았다.

▶ 1갤런의 쓴 국물보다도 한 방울의 벌꿀을 사용하는 것이 더 많은 파리를 잡을 수 있다.

▶ 상대를 자기 의견의 지지자로 만들고 싶다면, 우선 당신이 그의 팬이라는 사실을 알게 해라.

5
부드러움으로 감복시켜라

웹스터 웨버스타는 비길 데 없는 당당한 풍채와 말솜씨를 가지고 있었으며, 자기주장을 밀고 나가는 데 있어서는 누구도 그를 따를 자가 없었다.

그러나 어떤 결론을 두고 맞부딪칠 경우에는 온화한 태도로 서두를 꺼냈다. 그는 결코 고압적인 말씨를 쓰지 않았다.

결코 상대에게 자기 의견을 강요하지 않았으며, 조용히 누그러진 태도를 보였다. 그것이 그가 성공하도록 뒷받침한 요소라고 그는 말하고 있다.

이와 비슷한 예를 들어보자.

스트로브라는 청년이 방값 때문에 고민하고 있었다. 그 청년이 소문 난 구두쇠 집주인을 성공적으로 설득한 사례를 소개한다.

『나는 계약 기간이 끝나는 대로 아파트에서 나가겠다고 집주인에게 말했다. 그러나 사실 나는 나가고 싶지 않았다. 집세를 올리지만 않는다면 그대로 그 집에 있고 싶었다.

그러나 그것은 비관적이었다. 세든 다른 사람들도 모두 포기하고 있었으며, 그 집주인만큼 다루기 힘든 사람은 없다고 누구나 입을 모아 말했다. 나는 집주인을 찾아가 진심으로 호의를 보였다. 집세에 대한 말은 한마디도 내비치지 않았다.

먼저 나는 이 아파트가 매우 마음에 든다고 서두를 꺼냈다. 그리고 유감없이 칭찬을 했으며, 한 일 년쯤은 더 이곳에 있고 싶은데 애석하게도 그것이 안 될 것 같다고 집주인에게 말했다.

그런데 집주인이 전혀 예기치 못했던 표정을 그에게 보였다. 아마 집주인은 지금까지 세든 사람들로부터 이러한 극찬을 받은 일이 단 한 번도 없었던 모양이다.

한참 후에 집주인은 자신의 고충을 늘어놓았다. 말썽을 부리는 입주자가 있는 것은 물론이고 트집을 부리는 편지도 몇 통이나 받았는데, 그중에는 계약을 파기하겠다고 위협하는가 하면 모욕적인 편지도 있었다고 했다.

집주인은 "당신처럼 얘기가 통하는 사람이 있어 참으로 고맙게 생각한다."고 말하면서, 내가 얘기를 꺼내기도 전에 먼저 방값을 조절해 주겠노라고 약속했다. 게다가 그는 불편한 점이 있으면 언제든지 얘기해 달라는 부탁까지 했다.

만약 내가 다른 사용자들과 같은 방법으로 집세가 비싸다며 깎아달라고 강요했다면, 역시 그들과 마찬가지로 나도 실패했을 것이다.

우호적이며, 그 사람의 입장을 이해하는 가운데 자연스럽게 나의 고민이 해결된 것이다.』

또 다른 예를 들어보자.

사교계에서 유명한 아일랜드의 드로시데이 부인의 이야기이다.

『어느 날 나는 적은 수의 사람으로 오찬을 개최한 일이 있다. 내게
있어서는 모두가 귀중한 손님이었기 때문에 실수가 없도록 매우 신경
을 썼다.

나는 파티를 개최할 때마다 에밀이라는 요리사에게 모든 준비를
전담시키곤 했다. 이번에도 그에게 파티를 준비하도록 당부했는데,
그만 그가 연락도 없이 나타나지 않아 오찬이 엉망이 되고 말았다.

나는 울화통이 터져 견딜 수가 없었다. 더구나 그것을 참아가며
미소를 보여야 하는 괴로움은 이루 말로 할 수 없을 정도였다.

'어디 두고 보자. 에밀이 나타나기만 하면 그냥 두지 않을 테다.'라고
나는 별렀다.

하지만 시간이 흐름에 따라, 나는 일방적으로 에밀을 책망하는 것은
공연한 짓임을 깨달았다. 만약 그에게 노여움을 표출하면, 앞으로는
절대 도와주지 않을 것이라는 생각도 들었다. 그래서 나는 에밀의
입장에서 생각하기로 했다. 그 나름대로 사정이 있었을 것이라고…….

나는 그를 책망하는 대신에 조용히 대화를 나눠보기로 했다. 그리고
먼저 지난날 그가 나에게 베풀어주었던 노고에 감사하면서 마음을
고쳐먹었다. 이 방법은 훌륭한 결실을 맺었다.

그다음 날 에밀을 만났을 때, 그는 나를 경계하는 눈빛으로 대했다.

"이봐요, 에밀. 당신은 내가 파티를 열 때 없어서는 안 되는 사람이
에요. 당신은 뉴욕에서도 일급 요리사가 아닙니까?"라고 나는 입을

떴다.

그러자 그의 얼굴에 금세 웃음기가 돌았다.

그때 나는 에밀에게 다시 파티를 열려고 생각하고 있는데, 당신이 좀 도와줄 수 있겠느냐고 물었다.

그러자 그는 "물론입니다, 부인. 이번에는 그런 실수를 하지 않을 것입니다."라고 대답했다.

다음 주에 나는 다시 오찬회를 열었다.

테이블은 아름다운 장미로 장식되었고, 요리는 맛과 멋이 어우러졌으며, 에밀이 직접 요리를 날라다 주는 등으로 더 이상의 서비스는 바랄 수 없다고 생각될 정도로 빈틈없이 손님 접대를 해주었다.

파티가 끝났을 때 그날의 주빈(主賓)이 "이 파티에 마술이라도 부린 것 아닙니까? 이렇게 만족스런 서비스는 처음입니다."라고 나에게 인사를 했다. 그렇다. 나는 조용한 태도로 진심을 가지고 칭찬하는 마술을 부린 것이다.』

나는 어렸을 때 미주리 주(州)의 시골에서 학교를 다녔다. 그 당시 나는 태양과 북풍(北風)이 힘자랑을 하고 있는 이솝 이야기를 읽은 일이 있다.

북풍이 태양에게 으스대며 말했다.

"이 세상에서 나보다 힘이 센 것은 없어. 저기 코트를 입고 가는 노인이 있지. 내가 저 노인의 코트를 벗길 테니 두고 보라고."라며 자랑스럽게 말했다.

태양이 잠시 구름 뒤에 숨었다. 그러자 북풍이 기세 좋게 불어왔다.

그러나 북풍이 불어오면 불어올수록 노인은 코트 자락을 더욱 힘차게 쥐고 몸을 감쌌다. 북풍은 마침내 기진맥진하여 그만 멈추고 말았다.

그러자 이번에는 태양이 구름 사이에서 얼굴을 내밀며 방글방글 웃는 얼굴을 노인에게 보이기 시작했다. 얼마 지나지 않아, 노인이 이마의 땀을 닦으며 코트를 벗었다.

태양의 부드럽고 친절한 방법이 힘으로 밀어대는 방식보다 훨씬 효과가 있다는 것을 가르쳐주는 교훈이다.

이솝은 크리사스의 왕궁(王宮)에 근무한 그리스의 노예였는데, 그리스도가 태어나기 6백 년 전에 불후의 명작인 《이솝 이야기》를 썼다. 그러나 그 교훈은 2천 5백 년 전의 아테네에서는 물론이고, 현대의 보스턴에서도 같은 깊이로 받아들여지고 있다.

태양이 바람보다 빠르게 코트를 벗게 할 수 있는 것처럼, 친절·우애·감사야말로 세상의 모든 노여움보다도 쉽게 사람의 마음을 변화시킬 수 있다는 말이다.

그런 의미에서 "부드러움이 능히 강한 것을 꺾는다."라는 중국의 옛말은 음미해 볼 만하다.

▶ 태양의 부드러움이 힘으로 밀어붙이는 북풍의 기세보다 사람의 마음을 쉽게 열 수 있다.

▶ 밀러는 상대방에게 배울 자세가 되어 있지 못한 중년을 가리켜 "성숙할 기회가 없는 채 썩어 버린 과일과 같다."고 비판했다.

6
의견이 일치되는 부분부터 대화를 시작해라

누군가와 대화할 때, 처음부터 서로 의견이 충돌될 문제를 끄집어내서는 안 된다. 먼저 서로의 의견이 일치되는 부분부터 대화를 시작하여 차츰 어려운 문제로 이야기를 옮겨가는 지혜가 필요하다. 이를테면 서로가 동일한 목적을 위해 노력하고 있다는 것을 상대에게 이해시킨 다음, 차이점은 다만 그 방법론이라는 것을 강조해야 한다는 것이다.

그러기 위해서 처음에는 상대가 '예스'라고 대답할 수 있는 문제를 선택하고, 될 수 있으면 '노'라고 말하지 않도록 유도해야 한다.

오바스트리트 교수는 다음과 같이 말하고 있다.

"상대에게서 '노'라는 답이 나온 후에 그것을 '예스'로 바꾸도록 하는 것은 여간 어려운 일이 아니다. 자존심과도 관계있는 일이기 때문에, '노'라고 말한 이상 그것을 번복하는 것은 쉽지 않다. '노'라고 말해 버리고 후회하는 경우도 있을지 모르지만, 비록 그렇게 되더라도 자존심을 상하게 해서는 안 된다. 상대방은 말을 꺼낸 이상 대부분 끝까지 고집하기 때문이다. 따라서 처음부터 '예스'라고 대답하도록 이야기를 진행해 가는 것이 매우 중요하다."

화술에 능한 사람은 우선 상대가 '예스'라고 말하도록 만들어놓는다. 그러면 상대의 심리는 긍정적인 방향으로 움직이기 때문이다.

이것은 당구의 공이 굴러가는 것과 같은 원리로서, 그 방향을 바꾸게 하려면 상당한 힘이 필요하다. 더구나 반대 방향으로 되돌아가게 하려면 더욱 많은 힘이 든다.

이러한 심리의 움직임은 지극히 뚜렷한 형태를 취하게 된다. 사람이 진정한 마음으로 '노'라고 말할 때는 그 말을 단순히 입으로만 소리 내는 것이 아니라 동시에 온갖 신체적 활동이 동반된다. 즉 신체의 각종 분비선·신경·근육 따위의 모든 조직이 일제히 거부 태세를 취하는 것이다.

그런데 '예스'라고 말하는 경우는 이러한 현상이 일어나지 않고, 신체의 조직이 무엇인가를 받아들이려고 하는 태세를 갖춘다.

그러므로 '예스'라는 말을 많이 하면 할수록 상대를 자기가 생각하는 방향으로 유도하는 것이 용이하다.

타인에게 '예스'라고 말하게 하는 방법은 의외로 간단한데도, 이 간단한 테크닉을 활용하는 사람은 그리 많지 않다. 하지만 자신이 달라지지 않은 상태에서 상대에게 어떤 성과를 기대한다면 아무것도 얻지 못할 것은 당연하다.

따라서 상대가 누구이든 '노'를 '예스'로 바꾸는 데는 상당한 지혜와 인내가 필요하다는 사실을 잊지 말기 바란다.

뉴욕의 그리니치 은행원이었던 제임스 에비슨은 '예스'라고 말하게 하는 테크닉을 이용하여 고객을 놓치지 않을 수 있었다.

에버슨 씨의 이야기를 소개하면 다음과 같다.

『어느 날 한 사나이가 예금 구좌를 개설하기 위해 은행을 찾아왔다. 나는 용지에 필요한 사항을 기입해 줄 것을 부탁했다. 그런데 그는 대개의 질문에 대해서는 대답해 주었으나 어떤 질문에 대해서는 도무지 대답하려고 하지 않았다.

내가 이 원리를 터득하기 전이었다면, 분명히 그에게 화를 냈을 것이다. 은행의 규칙을 방패로 그동안 나는 나 자신의 우위를 상대에게 과시하기 위해 상대를 몰아세우는 통쾌감을 즐기고 있었는지도 모른다.

아마도 예전의 나라면, 손님께는 구좌를 열어줄 수 없다고 말했을 것이다. 부끄러운 얘기지만, 사실 나는 지금까지 그렇게 일을 해왔었다. 상대를 몰아세우는 것이야말로 통쾌한 일이라고 생각했기 때문이다.

그러나 나는 그러한 태도는 우리 은행을 찾아준 고객에게 호감을 주지 못한다는 사실을 깨닫게 되었다. 나는 상식에 맞는 태도를 취해야겠다고 결심했다. 은행의 입장이 아니라, 고객의 입장에서 이야기해 보겠다고……. 그리고 고객에게 '예스'라고 말하도록 시도해 보려고 노력했다.

그래서 나는 고객에게 "마음에 들지 않는 질문에는 구태여 대답할 필요가 없다."고 말했다. 그리고 다음과 같은 말을 덧붙였다.

"그러나 예금을 하신 후에, 만약 당신에게 사고가 발생한다면 어떻게 하시겠습니까? 법적으로 당신과 가장 가까운 사람이 찾을 수 있도록 하고 싶지 않습니까?"

그러자 그는 "예스."라고 대답했다.

"그 경우에 우리들이 실수 없이 신속하게 수속할 수 있도록, 당신의 가까운 친척 이름을 알아두는 것이 좋다고 생각하지 않습니까?"라고 물었다.

그는 또 "예스."라고 대답했다.

은행을 위한 것이 아니라 그를 위한 질문이라는 것을 알게 되자, 고객의 태도가 일변했던 것이다. 그 자신에 관해서 모든 것을 상세히 말했을 뿐만 아니라, 나의 권유에 따라 그의 어머니를 수취인으로 만들어서 신탁 구좌를 만들었다. 그리고 자신의 어머니에 관한 질문에도 기쁘게 응답해 줬다.

그가 태도를 바꿔 나의 말대로 움직이게 된 것은, 처음부터 그에게 '예스'라고 대답할 수 있도록 만든 방법의 덕분이라고 생각한다.』

다음은 웨스팅 하우스사의 세일즈맨이었던 조셉 알리슨의 이야기이다.

『나의 담당 구역에 우리 회사 제품을 꼭 팔고 싶은 상대가 있었다. 나의 전임자는 10년간 그 사람을 쫓아다녔으나 헛수고였다고 한다. 나도 이 구역을 맡고부터 3년간을 찾아다녔으나 역시 요지부동이었다.

그러나 단념하지 않고 계속 찾아다닌 끝에 겨우 서너 개의 모터를 팔 수 있었다. 하지만 그 모터의 성능이 좋다면, 그 후부터는 반드시 수백 대의 주문을 받을 수 있으리라고 나는 내심 기대했다.

제품은 확실하게 우수했으므로 나는 3주일 후에 의기양양하게 그의 사무실을 방문했다.

그러나 뜻밖에도 "알리슨, 자네 회사의 모터는 형편없어."라고 말하는 것이 아닌가.

나는 놀라서 "무슨 문제가 발생한 것입니까?"라고 물었다.

"자네 회사의 모터는 너무 열이 나서 섣불리 손을 댈 수 없단 말일세."

나는 이 경우에 화를 내서는 안 된다는 것을 오랜 경험으로 잘 알고 있었다.

나는 상대방에게 '예스'라고 말하도록 만들어보고 싶었다.

"스미스 씨, 당신이 그렇게 말하는 것은 당연한 말씀입니다. 정말 그렇다면 그러한 모터를 구입해 달라고 요구하는 것이 무리한 얘기겠지요. 협회가 정해 놓은 규정에 맞는 제품을 고르는 것이 당연합니다. 그렇지 않습니까?"

그는 그렇다고 대답했다. 첫 번째의 '예스'를 얻은 셈이다.

다음에 나는 "협회의 규정에는 모터의 온도가 실내 온도보다 올라가는 것을 인정하고 있지 않습니까?"라고 물었다.

그는 또 "예스."라고 대답했다.

"그렇다면 그 모터는 더욱더 뜨거워질 것입니다."

그는 '예스'라고 대답하지 않을 수 없었다.

나는 "그렇게 되면 모터에 손을 대지 않도록 조심하지 않으면 상처를 입게 되겠죠."

그는 "자네 말이 옳은 것 같구먼." 하고 자신의 경솔함을 인정했다.

그 일을 계기로 우리는 가까워졌으며, 그는 나의 큰 고객이 되어 주었다.

시비를 가리려고 들면 손해를 본다. 상대의 입장에서 생각해 보는 것은 시비하는 것보다 훨씬 흥미롭다. 뿐만 아니라 비교가 되지 않을 만큼 이익도 생긴다.

생각해 보니, 나는 매우 오랫동안 시비 때문에 막대한 손해를 보아 왔던 것이다.』

인류의 사상에 일대 변화를 가져다준 대철학자 소크라테스는 사람을 설득하는 요령에 있어서는 동서고금을 통해 제1인자라고 말할 수 있다.

소크라테스는 상대의 잘못을 지적하는 일은 하지 않았다. 소위 '소크라테스식 문답법'으로 상대로부터 답을 이끌어냈던 것이다.

그는 우선 상대에게 '예스'라는 말을 이끌어냈다. 그러기 위해서 상대가 '예스'라고 말하지 않을 수 없는 질문을 한다. 다음 질문도 역시 '예스'라고 말하게 하고, 계속해서 '예스'를 거듭 되풀이하게 한다. 상대가 그것을 이해했을 때는 최초에 부정하고 있었던 문제에 대해서도 '예스'라고 대답하게 되는 것이다.

상대방을 비난하거나 지적하고 있다고 느끼게 될 때, 소크라테스의 방법을 떠올리면서 상대가 스스로 '예스'라고 말할 수 있도록 유도해야 한다.

▶ 누군가와 대화할 때, 처음부터 서로 의견이 충돌될 문제를 끄집어

내지 마라. 먼저 서로의 의견이 일치되는 부분부터 대화를 시작해라.

▸ 화술이 능한 자는 우선 상대에게 '예스'라고 말하도록 만들어놓는다. 그러면 상대의 심리는 긍정적인 방향으로 움직이기 때문이다.

▸ 시비를 가리려고 들면 손해를 본다. 상대의 입장에서 생각해보는 것은 시비하는 것보다 훨씬 흥미롭다. 뿐만 아니라 비교가 되지 않을 만큼 이익도 생긴다.

7
상대방이 말할 수 있도록 기회를 만들어라

상대를 설득시키기 위해 자기 생각만 주장하는 사람이 있는데, 이것은 바람직한 방법이 아니다.

상대방의 이야기는 그 자신이 가장 잘 알고 있으므로 되도록 그 당사자가 말을 할 수 있도록 기회를 주는 것이 바람직하다. 그러기 위해서는 상대방이 말하는 중에 이의를 달지 말고, 하고 싶은 말이 있더라도 얘기가 끝날 때까지 참아야 한다.

상대가 말하고 싶은 문제를 가지고 있는 한, 이쪽에서 무슨 말을 해도 거의 효과를 볼 수 없다. 따라서 참을성 있게 성의를 가지고 들어주고, 마음에 거리낌 없이 말하도록 분위기를 만들어주는 것이 효과적이다.

〈뉴욕 헤럴드〉지에 '경험이 있는 우수한 인재'를 구하는 구인 광고가 실리자, 찰스 큐베리스라는 사나이가 응모를 했다.

수일 후에 그 사나이 앞으로 면접 통지서가 오자, 그는 면접에 앞서 그 회사의 설립자에 대해 자세한 조사를 해두었다.

면접장에서 그는 "이렇게 훌륭한 업적을 가진 회사에서 일하는 것이 저의 소망입니다. 사장님은 거의 무일푼으로 이 회사를 시작하셨다고 하는데, 그것이 사실입니까?"라고 사장에게 물었다.

대부분의 성공한 사람들은 젊었을 때 자신이 걸은 가시밭길을 회상하는 것을 좋아한다. 이 사장도 예외는 아니었다. 겨우 550달러의 자금과 독창적인 아이디어만으로 발족할 당시의 고충을 길게 이야기하기 시작했다. 일요일도 공휴일도 쉬지 않고 모든 장애와 싸워서 드디어 현재의 업적을 쌓아 올렸으며, 지금은 많은 사람들이 자신의 의견을 듣기 위해 찾아오고 있다고 사장은 말했다.

그는 확실히 자기 자랑을 할 만한 가치가 있는 성공을 거둔 인물로서, 그 얘기를 들려주는 것이 무척 즐거운 모양이었다.

고생담이 끝나자, 사장은 큐베리스의 이력에 관해 간단한 질문한 다음 부사장을 불러 "이 사람은 회사를 위해 도움이 되는 인물이라고 생각한다."고 일러주었다.

큐베리스는 상대방의 업적을 조사하는 수고를 했다. 그것은 상대에게 관심을 보인 행위이다. 그리고 상대에게 이야기를 하게 만들고, 좋은 인상을 심어주었다. 그것이 좋은 결과를 낳은 것이다.

아무리 친구나 동료 사이라 하더라도 상대방의 자랑을 귀담아 듣는 것보다는 자신의 공훈담을 이야기하고 싶어 하는 것이 인지상정이듯, 성공한 많은 사람들도 크게 다르지 않다는 것을 보여주는 사례라고 할 수 있다.

프랑스의 철학자 라 로슈후코는 이렇게 말했다.

"적을 만들고 싶으면 친구에게 이기는 것이 좋다. 그러나 자기편을 만들고 싶으면 친구가 이기도록 해주는 것이 좋다."

사람은 자신이 상대보다 뛰어나다고 생각될 경우에는 자부심을 갖지만, 반대로 열등감을 느끼게 되면 선망과 함께 질투하는 마음을 갖기 마련이다.

그런 점에서 "타인의 실패에 대한 기쁨 이상의 기쁨은 없다."라는 독일 속담은 많은 의미를 내포하고 있다.

인간의 마음은 생각보다 미묘해서, 아무리 가까운 사람이라도 타인의 성공을 진심으로 기뻐해 주는 경우는 매우 드물다. 따라서 자신의 성공에 대해 상대방에게 이야기할 때는 각별히 주의를 기울여야 하는 것이다.

아이빈 컵은 이 요령을 알고 있었다.

그는 언젠가 증인석에 앉았다. 그때 "당신은 일류 작가라고 들었는데, 사실입니까?"라고 묻자, 그는 "그저 운이 좋았을 뿐이죠."라고 대답했다.

그는 어느 자리에서 자신이 겸손함 때문에 위기를 면하게 되었다고 고백한 바 있다.

▶ 상대를 설득시키는 데는 겸손한 태도를 취하는 것이 상책이다.
▶ 인생은 짧다. 부질없는 자랑거리를 남에게 들려줄 시간이 우리에겐 없다. 남이 얘기하도록 만들면 된다.
▶ 곰곰이 생각해 보면 우리는 자랑할 만한 것을 별로 갖추고 있지 않다. 아무리 뽐내봐야 별것 아니다. 따라서 되도록이면 상대에게

많은 것을 말하도록 기회를 부여하자.

　▸ 적을 만들고 싶으면 친구에게 이기고, 자기편을 만들고 싶으면 친구가 이기도록 해줘라.

8
상대방이 착안하고 결정하도록 힌트를 줘라

우리는 타인으로부터 강요된 의견보다 자기 스스로 착안한 의견을 훨씬 중요하게 여긴다.

그러므로 남에게 자기의 의견을 강요하려는 것은 잘못된 생각이다. 힌트를 준 다음, 상대로 하여금 결론을 내리도록 하는 것이 현명한 방법이다.

이런 예가 있다.

필라델피아의 아드룹 젤스는 자동차 판매 부진으로 부하 세일즈맨들의 기가 꺾여 있는 것을 보고, 그들을 격려할 필요성을 느꼈다.

그래서 판매회의를 열어 그들의 요구와 의견을 기탄없이 발표하도록 권유했다. 그리고는 그들의 요구사항을 기록한 후, 그는 부하들에게 다음과 같이 말했다.

"여러분의 의견을 들어주겠다. 대신 나도 여러분에게 요구사항이 있다. 나의 요구를 여러분들이 어떻게 들어줄 것인지, 그 생각을 들려주길 바란다."

부하들은 즉석에서 대답했다. 충성을 맹세하는 사람이 있는가 하면 정직·적극성 팀워크를 약속하는 사람도 있었다. 또한 하루 8시간의 노동을 제시하는 사람도 있었으며, 개중에는 14시간 노동을 마다하지 않겠다고 약속하는 사람까지 나왔다.

회의는 새로운 다짐과 단결을 약속한 다음 활기차게 끝났다. 그 후 판매 성적은 놀랄 만큼 향상되었다.

이에 대해 젤스 씨는 다음과 같이 말하고 있다.

"세일즈맨들은 일종의 도의적인 계약을 나와 맺었다. 내가 그 계약에 따라서 행동하는 한, 그들도 그와 같이 행동하겠다고 결심한 것이다. 그들의 희망이나 의견을 들어준 것이 기사회생의 묘약이 되었다고 할 수 있다."

타인으로부터 강요를 당하고 있다든가 명령을 받고 있다든가 하는 느낌은 누구라도 싫어한다. 그것보다는 자주적으로 행동하고 있다는 느낌을 가지도록 해주는 것이 훨씬 바람직하다. 자기의 희망이나 의견을 남이 들어주는 것은 기쁜 일이니까……

유진의 예를 인용해 옮겨보자.

유진 씨는 직물 제조업자에게 아이디어를 제공하는 스튜디오에 밑그림 파는 일을 하고 있었는데, 그가 이 진리를 납득하기까지는 수천 달러의 수수료를 손해 보았다.

그는 뉴욕의 일류급 디자이너를 3년간 꾸준히 방문하고 있었다. 그런데 그는 만나주기는 하지만 한 번도 그림을 사준 적은 없었다.

디자이너는 그의 스케치를 천천히 들여다보고는 "안 되겠군요. 유진 씨, 오늘 그림도 마음에 들지 않아요." 하고 말하기 일쑤였다.

무려 150회의 실패를 거듭한 후, 유진 씨는 자신의 방법을 바꿀 필요가 있다고 생각했다. 그래서 그는 사람을 다루는 요령에 관한 강연회에 일주일에 한 번씩 출석해야겠다고 결심했다. 그리고 새로운 사고방식을 배우고 다시금 용기를 냈다.

그는 새로운 방식을 실험하기 위해서 완성되지 않은 그림을 몇 장 가지고 구매자 사무실로 갔다.

"실은 여기 미완성의 스케치를 가져왔습니다. 이것을 어떻게 완성시키면 당신에게 필요한 작품이 되겠습니까? 가르쳐주셨으면 합니다."

그가 이렇게 부탁하자, 디자이너는 스케치를 말없이 쳐다보고 있다가 "유진 씨, 2~3일 동안 맡아둘 테니 한 번 더 와줘요."라고 말했다.

3일 후에 유진 씨는 다시금 디자이너를 찾아가서 여러 가지 의견을 들었고, 스케치를 다시 가지고 와서 주문대로 완성했다. 그 결과, 디자이너는 유진 씨가 그린 그림을 몽땅 사들였다.

그 일이 있은 이후, 그 디자이너는 많은 스케치를 유진 씨에게 계속 주문했다. 유진 씨는 물론 말할 것도 없이, 주문받은 그림을 모두 디자이너의 아이디어와 의견에 따라 그렸다.

디자이너에게 지속적으로 그림을 팔게 된 유진 씨는 이렇게 말한다.

"나는 몇 해 동안 그림 팔기에 실패했던 이유를 발견한 셈이다. 그때까지 나는 이쪽의 의견을, 즉 내 생각을 강매하려고 생각하고 있었던 것이다. 그러나 지금은 거꾸로 상대에게 의견을 말하게 하고 있다. 상대방은 스스로가 디자인을 창작하고 있으므로 이쪽에서 강요할 필요는 없다."

시어도어 루스벨트가 뉴욕 주의 지사를 하고 있을 무렵 깜짝 놀랄 곡예를 연출해 보인 일이 있다.

그는 정치 보스들과 친근하게 지내면서, 그들이 가장 싫어하고 있는 정책 개혁을 강행했다.

그때 그가 취한 방법을 소개하면 다음과 같다.

주요한 직위에 사람을 앉힐 때, 그는 보스(대표급 인사)들을 초청하여 후보자를 추천토록 시켰다.

루스벨트는 그것에 관해서 다음과 같이 설명하고 있다.

『보스들이 처음에 추천하는 인물은 대개 자기 정당에서 뒤를 돌봐줘야 할 그런 대단치 않은 인물들이다. 나는 그런 인물은 시민들이 수긍하지 않을 것이라고 말해 준다.

다음에 그들이 추천하는 인물은 기껏해야 자기 정당의 끄나풀이나 고참이다. 나는 보스들에게 좀 더 시민들이 납득할 수 있는 적임자를 물색해서 천거해 달라고 부탁한다.

세 번째는 그만하면 합격할 듯한 인물이지만, 역시 좀 신중하게 찾아보자고 제의한다. 나는 보스들의 협력에 감사의 뜻을 전하고서 한 번 더 부탁한다.

그리고 네 번째가 되면 비로소 나의 생각과 일치한다. 그때 나는 그들에게 감사하면서 그 사람을 임명한다. 말하자면 보스들에게 꽃다발을 안겨주는 셈이다.

나는 그들을 향해서 "당신들에게 기쁨을 안겨주기 위해서 이 인물을 임명합니다. 다음은 여러분이 나를 기쁘게 해주어야 할 차례입니다."

라고 말한다.』

그리고 실제로 그들은 루스벨트를 기쁘게 해주었다. 보스들은 루스벨트의 대개혁안에 모두 지지를 보냈던 것이다.

요컨대 루스벨트는 상대방과 교섭할 때, 될 수 있으면 그쪽 의견을 받아들여 상대가 그것이 자기의 발안(發案)이라고 생각하도록 만들어 놓았다. 그런 다음 협력하도록 만든 것이다.

한 X선 장치 제조업자가 이와 같은 심리를 응용하여, 브루클린의 대형병원에 자기 회사의 제품을 납품시키는 데 성공했다.

이 병원은 아메리카에서 제일가는 X선과를 창설할 계획을 갖고 증축 중이었다. 업자들이 저마다 자기 회사의 제품 안내서를 내놓고 X선 장치를 팔려고 경쟁을 벌이는 바람에, 병원 측 담당자인 L박사는 골머리를 앓았다.

그중에 한 업자가 있었다. 그는 다른 업자들과 비교가 되지 않을 만큼 교묘하게 사람의 심리를 포착했다.

그 업자는 다음과 같은 편지를 L박사에게 제출했다.

『폐사에서는 최근 X선 장치의 최신형을 완성했습니다. 그 제품을 귀 병원에 보냅니다.

물론 이번 제품을 완전한 것이라고는 생각하지 않습니다. 앞으로 부족한 부분은 보충하도록 노력할 것입니다.

다만, 선생님께서 검사를 하신 후 개선 방법에 대한 의견을 들려주

신다면 더없는 영광으로 생각하겠습니다. 분명하신 분이라는 것을
알기 때문에 일차 서면으로 대신합니다.』

이 편지는 뜻밖의 결과를 가져다주었다.
여기서 L박사의 얘기를 옮겨보자.

『나는 지금까지 X선 장치에 대해 조언을 요구받은 일이 한 번도
없었다. 그런데 이 편지는 내게 중요성을 부여해 주었다.
나는 그 주에 매일 저녁 약속도 포기하고 그 장치를 검사하기 위해
몰두했다. 그 장치는 보면 볼수록 내 마음에 들었다.
나는 그것을 사라고 강요당한 것이 아니다. 병원을 위해서 그 장치
를 사기로 한 것은, 나의 마음이 자발적으로 움직였기 때문이다. 나는
그 장치의 우수함에 반해서 그 즉시 계약을 맺었다.』

윌슨 대통령 재임 중에 에드워드 하우스 대령은 국내 문제는 물론이고
외교 문제에까지도 커다란 영향력을 가지고 있었다. 윌슨은 중대 문제의
상대로서 하우스 대령을 각료 이상으로 신뢰하고 있었던 것이다.
하우스 대령이 어떤 방법으로 대통령의 신뢰를 획득할 수 있었는지
〈새터데이 이브닝 포스트〉지에 게재된 내용을 인용해 보자.
하우스 대령은 대통령에 대해서 다음과 같이 말하고 있다.

『대통령을 알게 된 후부터 자각하게 된 일이지만, 상대를 어떤
문제로 유도하기 위해서는 그가 관심을 갖도록 하는 것이 가장 좋은

방법이다. 말하자면 그가 자주적으로 그것을 생각하게 된 것처럼 만드는 일이다.

어느 날 나는 대통령을 방문하여 어떤 문제에 대해서 논의를 했다. 대통령은 반대하는 입장을 취하는 것 같았다.

그런데 수일 후 만찬회 석상에서 대통령이 발표한 의견은 앞서 내가 대통령에게 이야기한 것과 똑같았다. 이때 나는 놀라지 않을 수 없었다.』

그러나 하우스 대령은 '그것은 대통령의 의견이 아니라 저의 의견입니다.'라고 반박하지 않았다.

대령은 명분보다도 실리를 추구했으므로, 그 의견에 대해 대통령 본인에게는 물론이고 다른 어떤 사람에게도 비밀에 부쳤던 것이다.

▶ 사람들은 타인으로부터 강요된 의견보다 자기 스스로 착안한 의견을 훨씬 중요하게 여긴다. 그러므로 힌트를 준 다음, 상대로 하여금 결론을 내리도록 하는 것이 현명한 방법이다.

▶ 타인에게 강요당하거나 명령을 받는 일은 누구든 싫어한다. 반면 자기의 희망이나 의견을 남이 들어주면 기뻐한다.

9
상대의 애로사항을 이해하라

상대에게 나쁜 감정을 없애고 호의를 갖게 하는 방법은 다음과 같다.

'당신이 그렇게 생각하는 것은 당연합니다. 만약 내가 당신 입장이었어도 그렇게 생각했을 겁니다.'

이렇게 얘기를 시작해 보라. 아무리 심술궂은 인간이라도 이렇게 서두를 꺼내면 당신의 의견에 관심을 가질 것이다.

상대가 마음에 들지 않게 행동한다면 그에게는 그럴 만한 이유가 있을 것이다. 그러므로 먼저 이해하는 마음을 가져주어야 한다.

존 가프는 주정꾼을 보면 "하느님의 은총이 없었다면 나 역시 저렇게 되었을 것이다."라고 말했는데, 사람을 대할 때는 이러한 심정을 가질 필요가 있다.

대부분 사람들은 타인으로부터 관심과 이해받기를 원한다. 때문에 그것을 베풀어주면 틀림없이 상대에게 호감을 줄 수 있을 것이다.

역대 대통령은 매일 난해한 인간관계의 문제에 직면한다. 태프트 대통령도 예외는 아니었다.

그는 경험에 의해서 나쁜 감정을 중화하는 데 동정과 관심이 절대적인 힘을 가지고 있다는 것을 알았다.

태프트의 저서인 《봉사의 윤리학》이란 책 속에는 흥미 있는 사례와 함께 어떻게 해서 남의 반감을 유화시키는가에 대해 서술하고 있다. 그 한 대목을 소개한다.

『워싱턴에 있는 한 부인이 자신의 아들을 어떤 자리에 앉히려고 6주간 이상이나 매일같이 내게 찾아왔다. 그녀의 남편은 정계에서도 다소 이름이 알려진 사람이었다. 그녀는 수많은 상하양원을 자기편으로 끌어들여서 맹렬한 운동을 전개했다. 그러나 그녀가 자신의 아들을 앉히고 싶어 하는 자리는 전문적인 기술을 필요로 하기 때문에 나는 그 부처의 책임자의 추천에 따라 다른 사람을 임명했다.

어느 날 그녀로부터 섭섭하다는 원한에 사무친 편지가 왔다. 내가 그렇게 해주려고 마음먹었다면 쉽사리 자기 부탁을 들어줄 수 있었을 터인데 모른 척했다며 은혜를 모르는 사람이라고까지 했다. 내가 특히 관심을 가지고 있었던 법안을 통과시키기 위해 자신이 지역구의 국회의원들을 설득해서 그 법안을 지지하게 했음에도 불구하고 은혜를 원수로 갚았다는 것이다.

이러한 편지를 받게 되면 누구나 화가 나서 그 무례함을 응징해주고 싶어질 것이다. 그래서 당장에 반박의 편지를 쓰기 마련이다. 그러나 현명한 사람은 그런 방법을 쓰지 않는다. 설령 편지를 썼다 하더라도 서랍에 넣어 두었다가 2~3일이 지나서 다시 읽어보고 생각을 바꿀 것이다. 나도 그런 방법을 취했다.

나는 그녀에게 될 수 있는 한 최대한 친절하게 편지를 썼고, '당신의 실망은 충분히 이해하겠으나 그 인사문제는 나의 마음만으로 할 수 없으며, 그 자리는 전문적인 기술을 가진 사람이 아니면 안 되었기 때문에 국장의 추천에 따르지 않을 수 없었으니 양해해 달라.'고 했다. 그리고 '당신의 아들은 현재의 직위로도 당신의 기대에 얼마든지 보답할 수 있을 것'이라며 더욱 노력해 달라는 것을 강조했다.

이 회답으로 그녀는 기분 전환이 되었는지 자신의 무례함을 사죄해 왔다. 그런데 며칠 후에 그녀의 남편으로부터 편지가 왔다. 자세히 보니 이전에 아내가 보낸 편지와 같은 필적이었다. 그 편지에는 '그 이후 아내는 실의에 빠져 신경쇠약에 걸렸으며 현재는 빈사 상태에 있다.'고 적혀 있었다. 아들을 임명해 주면 아내의 병도 나을 것이라고 덧붙였다. 그러나 그럴 수는 없었다.

나는 다시 한 번 편지를 쓰지 않으면 안 되었다. 이번에는 그녀의 남편 앞으로 보냈다. 부인의 병 진단이 잘못되었기를 빈다고 말하고서, 부인의 병은 참으로 안타깝게 생각하지만 이 인사문제는 변경할 수 없다고 말해 주었다.

그에게 편지를 보낸 며칠 후 나는 화이트하우스에서 음악회를 개최했다. 그런데 맨 처음 우리 부부에게 인사한 사람은 이 부부였다. 편지 내용에 의하면, 그 부인은 며칠 전만 해도 사활을 다투는 병석에 있었을 터인데…….』

아더 게이트 박사의 유명한 저서 《교육심리학》에는 다음과 같은 말이 적혀 있다.

'인간은 일반적으로 동정심을 원한다. 그래서 아이들은 상처를 보이고 싶어 한다. 심지어는 동정을 구하고 싶어서 자기 스스로 상처를 만드는 일도 있다. 그것은 어른도 마찬가지이다. 그들은 때때로 상처를 보이고 재난이나 병에 관해 이야기한다. 특히 수술을 받았을 때의 이야기 같은 것은 더욱 자세하게 얘기하고 싶어 한다. 불행한 자신에 대해서 자기연민의 정을 느끼고 싶어 하는 마음은 정도의 차이는 있겠지만 누구에게나 있는 법이다.'

▶ 사람은 대부분 동정에 굶주려 있다. 그들이 원하는 관심을 보이거나 동정심을 베풀어주면 틀림없이 상대에게 호감을 줄 수 있을 것이다.

10
아름다운 심정에 호소하라

모든 인간은 자기 자신을 희생심이 강한 몰아적(沒我的)인 인물이라고 생각하기를 좋아한다.

아메리카의 대은행가이며 미술품 수집가로 유명했던 몰간은 인간의 심리를 해부한 후 '보통 인간의 행위에는 두 가지 이유가 있다. 그 한 가지는 그럴듯하게 윤색(潤色)된 이유, 또 다른 한 가지는 진실한 이유이다.'라고 말하고 있다.

진실한 이유는 다른 사람이 말하지 않아도 당사자는 알 수 있을 것이다. 인간은 누구나 이상주의적인 경향을 가지고 있으며 자기 행위에 대해서는 아름답게 윤색된 이유를 달고 싶어 한다. 그러므로 상대방의 생각을 바꾸게 하기 위해서는 이 아름다운 이유를 꾸미고 싶어 하는 심정에 호소하는 것이 효과적이다.

이것을 비즈니스에 이용하면 어떻게 되는가? 펜실베이니아 주에서 아파트를 임대하고 있는 하밀튼 화렐의 경험담을 들어보자.

화렐 씨의 아파트에는 계약 기한이 4개월이 남아 있는데도 기어코 이사를 가겠다는 사나이가 있었다.

『이 한 가족은 나의 아파트에서 한겨울을 넘겼다. 겨울은 일 년 중에서 가장 경비가 많이 드는 시기이다. 가을이 되기까지는 아마 새로운 입주자를 구하기가 힘들 것이다. 나의 입장에서 생각하면 그 몇 개월이란 기간이 공중에 붕 떠버리는 것이다. 나는 화가 났다.

보통 때 같으면 나는 계약서를 들이대면서 무리하게 꼭 이사를 가겠다면 계약 기간의 모든 방세를 지불하고 가라고 다그쳤을 것이다.

그러나 그렇게 야단스러운 방법을 쓰지 않고 할 수 있는 방법은 없을까를 생각해 보고 다음과 같이 말해 보았다.

"얘기는 잘 알았습니다만 제가 볼 때는 아무래도 당신이 이사를 가리라고는 생각되지 않습니다. 저에게도 사람을 보는 눈이 있습니다. 당신은 약속을 어길 그런 사람이 아니라는 것을 저는 알고 있습니다.

그런데 한 가지 당신에게 부탁이 있습니다. 이 문제는 그냥 가만히 놓아뒀다가 2~3일 후에 다시 상의하시지 않겠습니까? 그래도 여전히 마음이 변하지 않는다면 당신의 생각대로 이사를 가도 좋습니다. 사람을 잘못 보았다고 생각하고 단념하는 수밖에 없을 테니까요.

아무튼 당신은 약속을 휴지로 돌릴 그런 사람은 아니라고 나는 믿고 있습니다. 사람이 하는 일이니 어쩌다 잘못 생각하거나 빗나가는 경우도 있지 않겠습니까."

며칠 후 그 사나이는 집세를 가지고 왔다. 그는 아내와 잘 상의해서 이사하는 것을 중지하기로 했다고 말했다. 계약을 실행하는 것이 인간으로서 가장 중요한 것임을 인식하게 되었기 때문이라고 했다.』

노크리프 경(1865~1922, 영국의 신문 발행인)은 언젠가 공개하고 싫지 않은 자기의 사진을 어떤 신문에서 사용하려 한다는 것을 알고 그 편집장에게 편지를 썼다. 그러나 '나의 마음에 들지 않기 때문에 그 사진은 신문에 발표하지 말아 달라.'고 쓰지 않았다.

그는 좀 더 아름다운 심정에 호소했다. 누구나가 품고 있는 어머님의 존경과 애정에 호소해서 '그 사진은 신문에 발표하지 말아주기를 바랍니다. 어머님이 매우 싫어하는 사진이기 때문입니다.'라고 적었다고 한다.

록펠러 2세도 그의 아이들 사진이 신문에 발표되는 것을 방지하기 위해서 인간의 아름다운 심정에 호소했다. '아이들의 사진을 신문에 발표하는 것을 원하지 않는다.'라고 말하지 않고, 그는 '당신들도 아이를 가진 분들이면 잘 이해하리라고 생각합니다. 너무 세상에서 떠들어대는 것은 아이의 장래를 위해서 바람직하지 않잖습니까.'라고 말했다고 한다.

사이러스 커티스는 〈새터데이 이브닝 포스트〉지와 〈레이디스 홈즈 저널지〉를 창간한 사람으로, 메인 주의 빈민가에서 태어나 거액의 재산을 모은 인물이다.

처음에 그는 다른 잡지사와 같은 원고료를 지불할 능력이 없었으므로 일류급 작가들의 아름다운 심정에 호소했다. 가령 당시의 유명 작가 올컷 여사에게는 '기필코 원고를 써주십시오.'라고 부탁한 다음 1백 달러의 수표를 발행했다. 그러나 그 수표를 그녀 자신에게 건넨 것이 아니라 그녀가 열렬히 지지하는 자선 단체에 보냄으로써 성공했다.

이 책을 읽는 독자들 중에 '그런 수법은 노스리프나 록펠러나 센티멘

털한 작가에게는 잘 들어맞을지 모르지만 일반 사람들에게도 과연 통용될 수 있을까?' 하고 의문을 갖는 사람이 있을지 모른다. 물론 그럴 수도 있을 것이다. 도움이 되지 않는 경우도 있을 것이며 상대에 따라서는 전혀 통용되지 않을지도 모른다.

만약 당신이 이 이상의 방법을 알고 있어서 그 결과에 만족하고 있다면 구태여 이러한 방법을 쓸 필요가 없다. 그러나 그렇지 않다면 한 번 이 방법을 시도해 보는 것도 좋을 것이다.

다음 이야기는 제임스 토머스의 체험담인데, 꽤 흥미롭다.

『어느 자동차 회사에 여섯 명의 고객이 자동차 수리 대금을 지불하려고 하지 않았다. 청구한 금액의 전부에 대해서 불인정하는 손님은 없었으나 제각기 그 금액의 일부가 부당하다는 것이었다. 회사 측은 수리를 할 때마다 사인을 받아놓았기 때문에 절대로 틀림없다고 믿었고, 또한 믿고 있는 대로 손님에게 말했다.

문제는 방법이 잘못되었다. 수금 사원은 다음과 같은 방법으로 미불금의 징수를 행했던 것이다.

1. 고객을 방문하여 청구서를 전한 뒤 여러 달이 지났으므로 이번 달에는 꼭 지불해 줘야 한다고 정면으로 맞부딪쳤다.

2. 청구서는 절대로 틀리지 않았다. 따라서 잘못된 것은 고객 쪽이라고 분명히 설명했다.

3. 자동차에 관한 문제는 회사 쪽이 고객보다 훨씬 더 잘 알고 있다.

그러니까 더 이상의 논쟁은 필요 없다고 설명했다.

그러나 그 결과는 치열한 시비로 번졌다.

이러한 징수 방법을 써서 과연 고객에게 대금을 지불하도록 할 수 있을 것인지 생각해 봐라.

수금 사원은 마침내 법적인 절차를 행하려고 했으나 때마침 지배인이 이 사실을 알게 되었다.

지배인이 조사해 본 결과, 문제의 고객은 평소에 대금의 지불 성적이 우수했다는 사실을 알게 되었다. 그렇다면 어딘가에 잘못이 있는 것이 확실했다. 수금 회수 방법에 근본적인 실책이 있다는 생각이 들었다. 지배인은 토머스를 불러서 이 문제를 해결하도록 명령했다.

토머스가 취한 수금 방법은 다음과 같았다.

1. 미납되어 있는 수리 대금에 대해서는 한마디도 언급하지 않고, 다만 지금까지 회사의 서비스 상태를 조사하고 싶어서 방문했다고 말했다.

2. 고객의 얘기를 모두 들어보지 않고서는 어떻게 생각해야 옳을지 모르겠다고 분명히 전하고, 회사 측에도 실수가 있을지 모른다고 말했다.

3. 내가 알고 싶은 것은 상대의 차에 대한 것이며, 그 차에 대해서는 당신이 누구보다도 가장 잘 알고 있는 권위자라고 말했다.

4. 상대편이 말하게 만들고, 상대가 기대하는 대로 동의를 해주면서 흥미를 가지고 상대의 말을 귀담아 들었다.

5. 얼마 있다가 상대방이 진정을 되찾았을 때, 그의 공정한 판단에 호소했다. 말하자면 그의 아름다운 심정에 호소한 것이다.

"저희들의 불찰로 폐를 끼치게 되어 참으로 죄송합니다. 회사의 대표로서 깊이 사과드립니다. 얘기를 듣고 저는 귀하의 공정하고 관대한 인격에 매우 감탄했습니다. 실은 한 가지 소청이 있습니다만, 이 일은 당신이 아니면 할 수 없습니다. 그리고 당신이 잘 알고 있는 일입니다. 다름이 아니라 이 청구서를 당신께서 정확하게 정정해 주신다면 저도 안심할 수 있습니다. 당신이 저희 회사 사장의 입장에서 정정해 주신다면 그대로 처리해 드리겠습니다."

이 방법은 주효했다. 여섯 명의 고객 중에서 다만 한 사람만이 끝까지 회사 측 입장을 이해하지 못했을 뿐 5명의 고객은 모두 기분 좋게 전액을 지불했다. 뿐만 아니라 그 후 그들은 저마다 토머스에게 새 차를 주문했다. 토머스 씨는 이에 대해서 다음과 같이 말했다.

"상대방의 신용 상태가 분명치 않을 때는 그를 신사로 만들어주고 거래를 진행하면 틀림없다는 것을 나는 경험으로 알고 있다. 요컨대 인간은 누구나 정직하게 의무를 수행하고자 한다. 이에 대한 예외는 비교적 적다. 사람을 속이는 그러한 인간도 상대로부터 진심으로 신뢰를 받고 정직하고 공정한 인물로 취급되면 좀처럼 부정한 일을 할 수 없는 것이다. 따라서 상대를 설득할 때는 그 사람의 아름다운 마음에 호소해야 한다."』

▶ 모든 인간은 자기 자신을 자기 희생심이 강한 몰아적인 인물이

라고 생각하기를 좋아한다.

▶ 상대방의 신용 상태가 분명치 않을 때는 그를 신사로 만들어주고 거래를 진행하면 틀림없이 신사가 될 것이다.

▶ 상대를 설득할 때는 그 사람의 아름다운 심정에 호소해야 적중률이 높다.

어떻게 연출할지를 고민해라

뉴욕대학의 리차드 버튼 교수와 알반 비스 교수는 1만 5천 건의 상담을 분석해서 《논쟁에 이기는 법》이라는 책자를 저술하고, 같은 원리를 '판매의 여섯 가지 원칙'이라는 제목으로 강연을 한 뒤 영화로 만들어서 세일즈맨들에게 보여주었다.

그들은 연구 결과를 단순히 설명으로 끝내지 않고 실례를 들어 제시해 주었으며, 청중들 앞에서 실제의 모습을 각색해 보여주면서 판매의 올바른 방법과 그릇된 방법을 가르쳐준 것이다.

현대는 연출의 시대이다. 단순히 사실을 말하는 것만으로는 충분하지 않다. 사실대로 동기를 부여하고, 흥미롭게 연출하지 않으면 안 된다. 흥행적인 수법을 사용할 필요가 있다는 말이다.

즉 영화나 라디오·텔레비전 등은 모두 이러한 수법을 사용하고 있다. 사람의 주의를 끌기 위해서는 이러한 방식을 취하는 것이 무엇보다도 효과적이고 적절하다.

쇼윈도의 디스플레이를 전문으로 하는 직업인 같으면 연출의 효과를 충분히 알고 있을 것이다. 가령 새로운 디자인의 제품을 쇼윈도에 진열해 두고 일반 매장의 제품과 비교해 보면 그 효과를 한눈에 알 수 있다. 모 백화점의 판매원에 의하면 진열 상태에 따라 그 판매고가 다섯 배를 능가하기도 한다고 한다.

《아메리칸 위클리》지의 제임스 보인튼 씨는 방대한 시장조사 보고서를 제출해야 하는 일이 생겼다. 한 화장품 회사에서 제품의 가격을 내려야 할 것인가, 내리지 말아야 할 것인가를 결정하기 위해서 급히 자료가 필요하다는 요청을 해온 것이다.

보인튼 씨는 조사 결과를 모아 그것을 의뢰자에게 전달하러 갔다. 이 의뢰자는 업계의 거물인 데다 까다롭기로 정평이 난 인물이었다.

하지만 보인튼 씨가 맨 처음에 보고서를 제출했을 때는 실패했다.

그 후 보인튼 씨가 어떤 방법으로 성공했는지를 알아보자.

『처음에는 나의 조사 방법에 대해 실로 헛된 논쟁을 하고 말았다. 논쟁을 벌인 후에 나는 상대를 추궁하고 화해를 했으나 유감스럽게도 시간이 다 지나 버려서 비즈니스에는 도움이 되지 못했다.

두 번째 갔을 때, 나는 숫자의 통계와 자료에 구애받지 않고 충분히 조사한 사실을 극적으로 연출해 보였다.

내가 그의 방으로 들어가자 그는 전화를 걸고 있었다. 그사이에 나는 가방 속에서 서른두 개의 화장품 용기를 꺼내 그의 책상 위에 나란히 올려놓았다. 그가 알고 있는 모든 제품, 말하자면 경쟁 상대가 되는 제품 전부를 내보인 것이다.

각 용기에는 나의 조사 결과를 기입한 표가 붙어 있었다. 그 낱낱의 표가 그 제품의 판매 상태를 간결하고 극적으로 말한다는 식으로 되어 있었는데, 그 효과는 눈부셨다. 지난번과 같은 논쟁이 일어날 여지는 조금도 없었다.

그는 하나하나 용기를 꺼내 그것에 붙은 표를 읽었다. 그와 나 사이에는 화해 무드가 조성되었고, 지극히 가벼운 질문이 오고가는 가운데 대화가 무르익었다.

그는 상당히 흥미를 느낀 모양이었다. 약속된 시간이 한 시간이 넘었는데도 대화가 끝나지 않고 계속 이어졌다.

나는 이전과 같은 사실을 제공했으나 이때는 연출 효과를 노린 점이 달랐던 것이다. 흥행적인 수법에 이렇게 효과가 있으리라고는 미처 생각하지 못했었다.』

그는 상대를 설득하는 요령은 연출을 고안하는 것이라고 강조하고 있다.

▶ 현대는 연출의 시대이다.
▶ 단순히 사실을 말하는 것만으로는 충분하지 않다.
▶ 흥미롭게 연출하고 흥행적인 수법을 사용할 필요가 있다.

I2
경쟁의식을 자극해라

찰즈 슈와프가 담당하고 있는 공장 중에서 실적이 형편없는 공장이 있었다.

슈왈프는 공장장을 불러서 다음과 같이 물었다.

"당신은 상당한 실력을 갖춘 사람이라고 알고 있다. 그런데 의외로 실적이 오르지 않으니 이해가 되지 않는다."

"저도 그 이유를 알 수가 없습니다. 때로는 달래고 때로는 꾸중하며 모든 수단을 강구하고 있으나 직공들의 능률이 오르지 않고 있습니다."

마침 그때 주간반과 야간반의 교대시간이 되어 직공 한 사람을 불러서 물어보았다.

"자네 근무반에서는 오늘 몇 번 주물을 흘려보냈는가?"

"여섯 번입니다."

슈왈프는 아무 말도 하지 않고 그 공장 바닥 위에 '6'이라는 글자를 써놓고 나가 버렸다.

야근반이 들어와서 이 숫자를 보고 주간반의 직공에게 그 의미를 물어보았다.

"보스가 이 공장에 왔다갔어. 오늘 몇 번 주물을 흘렸느냐고 묻기에 여섯 번이라고 대답했지."

슈왈프는 다음 날 아침에 다시 찾아갔다. 야근반이 '6'을 지우고 커다란 글자로 '7'이라고 써놓았다.

주간반이 출근해서 보니 바닥 위에 '7'이라고 크게 쓰여 있었다. 야근반이 더 성적을 올린 셈이다.

주간반은 경쟁의식에 불타 퇴근 시에는 '10'이라고 써놓고 갔다.

이렇게 해서 이 공장의 능률은 나날이 올라갔다. 성적이 불량했던 이 공장은 얼마 안 가서 다른 공장을 누르고 생산율 1위가 되었다.

이에 대해서 슈왈프는 다음과 같이 말했다.

"일에는 경쟁심이 무엇보다 중요하다. 악착스러운 돈벌이의 경쟁이 아니라 타인들보다도 뛰어나겠다는 경쟁심을 이용해야 한다."

우위를 점유하고 싶다는 욕구와 대항 의식, 그 불굴의 투지, 남자의 기백에 호소하는 것도 하나의 방법이다.

불굴의 투지가 자극되지 않았다면 시어도어 루스벨트도 대통령이 되지 못했을지도 모른다.

그는 미서전쟁(美西戰爭)에서 귀환한 후 바로 뉴욕 주지사로 선출되었다. 그런데 반대파가 루스벨트에게 법적으로 주의 거주인으로서의 자격이 없다고 말하기 시작했다. 그도 이 주장에 놀라서 사퇴하겠다고 말했다.

그러자 토머스 크리어 플라트가 그에게 고함을 질렀다.

"자네는 그래도 산 쥬안 힐의 전선에서 싸운 용사잖나."

그제야 루스벨트는 사의를 표하고서 맞서 싸울 결심을 했다. 그다음 얘기는 역사가 나타내고 있는 그대로이다.

루스벨트의 불굴의 투혼을 자극한 이 한마디는 그의 생애를 바꾸어 놓았을 뿐만 아니라 미합중국 역사에도 중요한 영향을 끼쳤다.

찰즈 슈왈프는 이와 같은 자극이 가지는 위력을 알고 있었고, 알 스미스도 역시 그것을 알고 있었다.

알 스미스가 뉴욕 주의 지사로 근무하고 있을 때 유명한 신신 형무소의 소장을 해야 할 사람이 마땅치 않아서 난처해졌다. 형무소의 내부가 부패하고 있어서 대단한 악평을 받고 있는 상황이었다. 스미스는 신신을 지배할 수 있는 강력한 인물을 필요로 했다. 인선을 한 결과, 뉴함프턴의 루이스 로즈에게 흰 날개의 깃이 세워졌다.

로즈를 불러내어 스미스는 "어때요, 당신이 신신의 일을 맡아주지 않겠습니까? 상당한 경험이 있는 인물이 아니면 근무할 수가 없습니다."라고 쾌활하게 말했다.

로즈는 좀 난처해했다. 신신 형무소의 소장이 된다는 것은 대단한 문젯거리이기 때문에 심사숙고해야 한다고 생각하는 듯했다. 정치 세력의 풍향 여하에 따라 어떻게 될지 모르는 자리이기 때문이다. 소장은 자주 교체되었고, 임기는 3개월에 불과했다. 로즈는 자칫하면 위험한 일이라고 생각하는 것이 분명했다.

그가 주저하자, 스미스는 웃으면서 다음과 같이 말했다.

"대단한 일이기 때문에 선뜻 내켜하지 않는 것도 무리가 아니라고 생각합니다. 실제로 거대한 일이므로 보통사람들로서는 근무할 수 없는 자리입니다."

스미스는 상대방의 오기를 한껏 자극했고, 그의 말을 들은 로즈는 보통사람으로서는 감당할 수 없는 작업을 해보고 싶다는 생각을 하게 되었다.

로즈는 그 자리에서 부임을 결심했으며 자리에 있는 동안 크게 분발했다. 그리고 지금은 명소장으로서 그의 이름을 모르는 사람이 없을 만큼 유명해졌다.

그의 저서 《신신의 그 만년》이라는 책자는 수십만 부가 팔렸으며, 그의 저서를 토대로 한 영화가 여러 편 제작되었다. 그리고 그의 수인 대우 개선론은 형무소에 기적적인 개혁을 초래했다.

화이아 스톤 고무 회사의 창설자 하버드 화이아 스톤은 다음과 같이 말하고 있다.

"급료만 내면 사람이 모이고 인재가 확보된다는 보장은 없다. 게임의 정신을 도입하는 것이 필요하다."

성공한 사람들은 대부분 게임을 좋아한다. 자기표현의 기회가 주어졌기 때문이다. 충분히 팔을 흔들고 상대에게 이길 수 있는 기회, 이것은 여러 가지 경주와 경기를 성립시킨다.

그런 점에서 게임은 우위를 점하고 싶은 욕구와 자신이 중요하다는 사실을 증명해 보고 싶어 하는 소망을 자극하는 매체인 것이 분명하다.

▶ 일에는 경쟁심이 무엇보다 중요하다. 악착스러운 돈벌이의 경쟁이 아니라 타인들보다 뛰어나겠다는 경쟁심을 이용하라는 말이다.

▶ 우위를 점유하고 싶다는 욕구와 대항 의식, 그 불굴의 투지, 남자의 기백에 호소하는 노력이 필요하다.

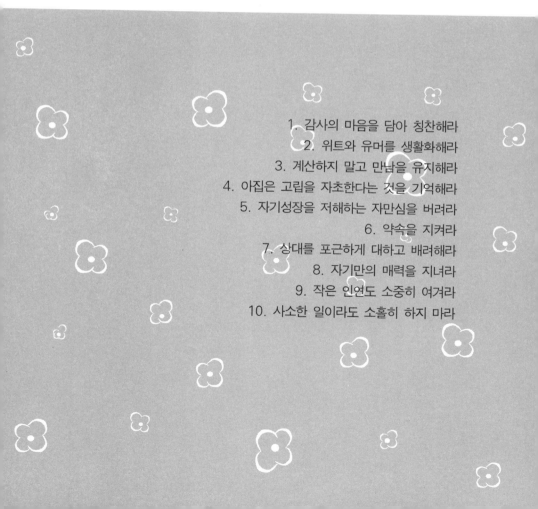

3장

어디서나 환영받는 사람이 되는 기본 원리

감사의 마음을 담아 칭찬해라

상대로부터 칭찬을 받는 일은 기분 좋은 일임에 틀림없다. 당신이 다른 사람들에게 칭찬받기를 원하듯이 당신 주위에 있는 많은 사람들도 칭찬받기를 원한다.

칭찬이란 상대방을 인정해 주는 동시에 사랑의 표현이기도 하다. 그런데 우리는 남을 칭찬해 주는 데 다소 인색한 경향이 있다.

훌륭한 일을 했을 때뿐만 아니라 사소한 일에도 칭찬을 아끼지 마라. 또한 항상 다른 사람에게 칭찬과 격려의 말을 베푸는 습관이 몸에 배도록 노력해라.

이 세상에 칭찬과 인정을 베푸는 데 싫어할 사람은 없다. 누구나 칭찬을 받으면 기분 좋아하고 흐뭇함과 아울러 감사함까지 느끼게 된다.

또한 칭찬을 받는 순간만 기쁜 것이 아니라, 자신이 그 칭찬으로부터 거리가 먼 행동을 할 때 스스로를 채찍질하는 역할을 해주기도 한다. 그러므로 칭찬할 만한 가치가 있을 때는 언제나 주저하지 말고 칭찬해 주어라. 당신이 한 칭찬과 격려를 언젠가는 다시 당신이 되돌려 받게 될 것이다.

이 칭찬을 우선 가정에서부터 실천해 봐라. 가정이야말로 칭찬을 필요로 하는 곳이지만, 대부분의 가정에서는 칭찬에 인색하고 등한시하는 경향이 있다.

본인들끼리 배우자를 선택하고 결혼을 결정했다면 당사자는 서로의 장점을 누구보다도 잘 알고 있을 것이다. 그러나 결혼생활을 유지해 나가는 동안 배우자를 칭찬하는 사람은 그리 많지 않은 것 같다.

당신은 아내의 매력에 찬사와 격려를 보낸 적이 얼마나 되는가?

결혼한 지 몇 년 된 친구의 예를 들어볼까 한다.

그는 자기 아내에 대해 불만이 상당히 많은 것 같았다. 심각하게 고민하고 있는 친구에게 한 가지 방법을 일러주었다. 그것은 항상 아내를 칭찬하고 격려해 주라는 내용이었다.

그 친구는 그것을 실천에 옮겼다. 아내가 아이들에게만 신경을 쓰고, 자신에게 무관심할 때도 "당신은 정말 자상한 엄마야. 아이들 키우느라 참으로 고생이 많구려. 남편에게 조금만 신경을 쓰면 만점 엄마, 만점 아내가 되겠는데." 하고 칭찬과 격려를 해주었다. 그리고 피곤에 지쳐서 늦게 일어났을 때도 "요즘 당신 많이 피곤해 보여. 건강에도 신경을 쓰구려."라고 싫은 얘기 대신 격려를 해주었으며, 화장기 없는 부스스한 얼굴을 대했을 때도 "당신은 화장을 하지 않아도 여전히 매력적이야. 신경 써서 얼굴을 가꾸고 화장을 하면 정말 예쁠 거야."라고 하면서 짜증을 내는 대신 매일매일 칭찬을 해주었다.

아내는 처음에 남편의 갑작스런 태도 변화에 의아해했지만 싫지 않은 기색이었고, 그러한 칭찬과 격려를 습관화했더니 마침내 아내의 태도가 그전과는 많이 달라졌으며 나날이 변화되었다고 한다. 아무리 피곤해도 몸가짐을 단정히 했고, 남편이 출근할 때는 세세하게 신경을 써주었으며, 무슨 일이든지 적극적이고 즐겁게 하더라는 것이다.

그렇다. 칭찬과 격려는 받는 사람에게 희망과 자신감을 주어 모든 일을 적극적으로 처리하게 한다.

당신도 화가 날 때 비난 대신 칭찬을 해주도록 해라. 그것은 상대방으로 하여금 더욱 분발하도록 만드는 방법이다.

아울러 칭찬은 받아들이는 사람에게 의미가 될 수 있도록 구체적으로 해주어야만 진지하게 가슴으로 받아들인다는 것을 기억해라.

대부분의 인간은 감사와 인정을 갈망하고 있으며, 그것을 위해서라면 무슨 일이든 하게 된다는 점을 명심해라. 그렇다고 위선이나 입에 발린 칭찬을 바란다는 얘기는 아니다.

충고나 조언은 그것을 받아들일 수 있는 마음가짐이 되어 있는 사람에게 정중히 해야 한다. 그러나 칭찬은 언제라도 자주 해줄수록 좋다. 그러한 태도가 몸에 배어 있으면 당신을 만나는 사람들이 모두 화합된 분위기에서 돈독한 관계를 만들어 나갈 수 있을 것이다.

▶ 칭찬은 받는 순간만 기쁜 것이 아니라, 자신이 그 칭찬으로부터 거리가 먼 행동을 할 때 스스로를 채찍질하는 역할을 해주기도 한다.

▶ 칭찬은 받아들이는 사람에게 의미가 될 수 있도록 구체적으로 해주어야만 진지하게 가슴으로 받아들인다는 것을 기억해라.

2
위트와 유머를 생활화하라

유머는 인생을 감미롭게 하는 청량제이다. 유머 없는 삶은 무미건조
하고 비생산적이다. 오늘날과 같은 각박한 세태에서 웃음을 잃어버린
사람들에게 유머는 청량제로써 훌륭하게 작용한다.

정신적으로 강인하게 하고, 대화에 있어서도 논쟁을 예방하며, 거
리감을 없애주고, 불만에 가득 찬 상대방을 부드럽게 감싸주는 데
효과가 있다.

특히 의견이 맞지 않아 불만이 가득할 때, 화가 나 있을 때, 대화가
단절되어 갈 때 멋진 한마디의 유머는 웃음을 터뜨리게 하여 불만을
일시에 해소시키는 역할을 하기도 한다.

이와 같이 유머는 마음이 경직되어 대화의 의욕을 상실한 경우에
어려운 국면을 모면시키는 힘을 지니고 있다. 아무리 불만에 차 있던
상대라도 유머러스한 분위기에 젖어들게 되면 불쾌한 감정을 쉽게
잊어버리게 되기 때문이다.

카알라일은 "진실된 유머는 머리로부터 나온다기보다는 마음에서
나온다. 말의 노예가 되지 마라. 남과의 언쟁에서 화를 내기 시작하면

그것은 자신을 정당화시키기 위한 언쟁이 되고 만다."고 했다.

상대방이 욕구불만의 상태에서 대화를 거부하거나 분위기를 깨뜨리려고 할 경우, 유머의 힘으로 상대의 불만을 중화시키려는 노력을 기울이면 어떨까 싶다.

인간이란 재미있는 이야기를 하면 일단 따라 웃게 되고, 그렇게 같이 웃다 보면 서로의 관계도 가까워질 정도로 극히 단순한 존재이니까 말이다.

또한 위트는 상대방이 깨닫지 못하는 사이에 상대방을 조용하고 부드럽게 설득시킬 수 있는 힘을 가지고 있다. 위트는 모든 것을 풀어주고 모든 장애를 제거한다.

화를 잘 내고 논리적으로 꼬치꼬치 파고드는 상대에게는 위트를 활용하여 접근하는 것이 효과적이다. 그러면 얼마든지 설득과 동의를 얻을 수 있다.

현대 사회의 각박한 세태를 반영하듯 요즘 젊은이들은 유머 감각이 없다. 표정은 항상 긴장되어 있고, 대화에는 부드러움이 실종되어 있다. 얼마든지 웃으면서 해결할 수 있는 문제도 감정 대립으로 쉽게 치닫는다. 규칙에만 지나치게 집착하고 얽매여 있으면 새로움을 창출할 수 있는 여유가 없어지므로 웃음을 생활화하도록 해보자.

사람을 사귀는 데 있어서도 유머와 위트는 중요한 역할을 한다. 사람을 처음 만나 분위기가 어색할 때 대화 속에 섞어 쓰는 유머와 위트는 곧잘 위대한 힘을 발휘한다. 딱딱해지기 쉽고 실리적이기 쉬운 비즈니스에서도 위트를 섞으면 대화의 능률을 배가시킬 수 있다.

그러면 어떻게 하면 유머와 위트를 잘 활용할 수 있는가. 그것은 간단하다. 규정된 틀에 얽매이지 말고 자유롭게 대화에 임하는 것이다.

　인생이란 판에 박은 듯이 살아가면 여유가 없고 메말라지기 십상이다. 규정된 틀로부터 다소 이탈할 수 있는 여유를 가지고 대처해야만 보다 삶이 유연해진다.

　유머는 이와 같은 여러 가지 불만과 지루함을 부드럽게 해주고, 인간에게만 허락된 신의 배려라는 웃음을 유발시켜 즐거움을 느끼게 해준다.

　당신도 이러한 유머나 위트의 위력을 활용하면 인간관계를 원만하게 풀어갈 수 있을 것이다.

　▶ 유머는 무미건조하고 비생산적인 각박한 세태에 인생을 감미롭게 하는 청량제이다.

3
계산하지 말고 만남을 유지해라

사람을 만남에 있어 먼저 손익을 계산하고 자신에게 이익이 되는 사람만 골라 사귀는 사람은 남을 쉽게 배신할 수 있는 사람이다. 그러한 사람은 자기에게 현실적으로 이익이 없으면 언제든지 돌아설 수 있는 사람이기 때문이다.

비즈니스로 만나든, 사적으로 만나든 이해관계를 초월하여 만남 그 자체의 의미를 중시 여겨라. 그래야만 순수한 인간적인 만남이 이루어진다.

인간관계를 거래를 하듯 성급히 결론 내려고 한다면 도리어 손해를 본다. 하나 둘 신뢰가 쌓이고 인간적 유대관계가 깊어지면, 굳이 무엇을 얻으려고 하지 않아도 상대방이 스스로 당신에게 도움을 주려고 노력할 것이다.

무엇이든 먼저 베푼다는 자세로 임해라. 성공하고 싶거든 반드시 그것을 실천해라.

당신이 다른 사람에게서 받고 싶은 것이 많다면, 다른 사람도 당신에게서 얻고 싶은 것이 많을 것이다. 그만큼 당신이 남에게 베풀 수 있는 것이 많다는 얘기다.

당신은 노력하여 상대를 물질적으로 도울 수도 있을 것이고, 미소 띤 얼굴로 상대를 기쁘게 해줄 수도 있을 것이다. 너그러운 마음으로 관용을 베풀어 상대를 편안하게 해줄 수도 있을 것이고, 격려하고 칭찬해 주어 다른 사람에게 용기를 줄 수도 있을 것이다. 또한 예의 바른 태도로 상대방의 자존심을 상하지 않게 해줄 수도 있을 것이다. 반드시 물질적으로 무엇을 베풀어야만 하는 것은 아니다. 물질적인 베풂은 오히려 정신적 베풂보다 오래가지 못한다.

당신이 무엇인가를 베풀었다면, 반드시 그것 이상으로 당신에게 되돌아온다. 그러므로 당신이 많은 것을 얻고 싶으면 더 많이 줘라. 그것이야말로 당신을 성공적인 삶의 지름길로 이끄는 일이다.

이것은 비즈니스에 있어서도 마찬가지이다. 지나치게 남에게 베푸는 데 인색하다든가, 조금도 손해를 보지 않으려 한다든가, 자신의 이익만 생각한다면 거래는 유지될 수 없을 뿐만 아니라 성립조차 되지 않을 수도 있다.

어떤 일에 대해서 당신이 양보했을 때, 지금 당장은 손해를 볼지 몰라도 결과적으로는 커다란 이익을 가져다주는 것이 세상 이치다.

▶ 상대방의 노력의 대가나 가치를 충분히 인정하고 대우해 주었을 때 서로의 인간적 유대관계가 깊어질 수 있으며 그로 인해 사랑이 싹틀 것이다.

4
아집은 고립을 자초한다는 것을 기억해라

인간은 누구나 자기 자신을 먼저 생각하고 자기중심적으로 행동하기 마련이다. 그러나 그중에서도 특히 자기중심적인 성향이 지나치게 강한 사람은 고집이나 아집에 사로잡힌 나머지 모든 사람들에게 고립당하기 십상이다.

자기의 신조나 의견만을 주장하면서 타인의 생각이나 의견을 무조건 무시하는 사람은 타협이나 협상으로부터 해결의 실마리를 도출해 내는 것이 쉽지 않아 사람들과 섞이지 못하기 때문이다.

아집이 강한 사람의 마음속에는 편견과 증오가 가득 차 있다. 그러나 그러한 고집으로 말미암아 자기 자신이 타인들에게 배척당한다는 사실조차도 잘 깨닫지 못하는 사람이 적지 않다.

인간은 사회적 동물이므로 다른 사람들과의 부단한 상호작용을 통해 삶을 형성해 나간다. 사람을 떠나서, 즉 '우리'를 떠나서 '내가' 존재할 수 없다는 말이다.

그러면 아집이 우리의 생활에서 어떠한 결과를 초래하는지 살펴보도록 하자.

첫째, 주위로부터 고립을 자초한다.

자기주장만을 앞세우다 보면 독불장군으로 취급받거나 예의가 없는 사람으로 인정되어 주위 사람들로부터 따돌림을 당하거나 미움을 받기 쉽다.

둘째, 옹졸한 사람으로 취급받는다.

무슨 일이든 자기주장을 앞세우고 관용을 베풀 줄 모르는 사람은 편협한 사람으로 인정받기 쉽다. 또한 남의 의견을 무시함으로써 결국은 자기 의견도 무시당하게 된다.

셋째, 보복심리가 강하다.

아집이 강한 사람은 편협된 사고를 갖고 있기 때문에 상대가 조금만 섭섭하게 해도 그것을 용납하지 못한다. 그러므로 보통사람들이라면 아무렇지도 않게 지나칠 일도 보복을 하거나 상대를 미워하게 된다. 그리하여 마침내는 타인에게 고통을 줄 뿐 아니라 자기 자신도 고통 속에 빠지고 만다.

넷째, 비합리적인 사람으로 낙인찍힌다.

사람이 맹목적으로 자기만의 생각이나 아집에서 벗어나지 못하고 그 울타리 안에서 행동하면, 합리적이고 이성적인 행동을 기대할 수 없다. 올바른 인간관계는 서로 협력하고 이해하면서 평등한 인간관계를 통해 공동의 진리에 도달할 때 가능하기 때문이다.

그러나 자기주장만을 앞세우는 사람은 타협과 협상의 여지가 없는 비합리적인 인간으로 간주되어 어디서도 환영받지 못한다.

당신이 많은 사람들과 인간관계를 원만하게 맺기를 소망한다면 아집을 버려라.

편협된 사고와 이해심이 없는 아집은 당신을 고독하게 만들고, 결국은 파멸의 구렁텅이로 빠지게 만든다.

아집의 노예가 되면 혼자만 남게 될 것이고, 결국 스스로 고립을 자초하는 결과를 낳고 만다.

▶ 자기중심적인 성향이 지나치게 강한 사람은 고집이나 아집에 사로잡힌 나머지 모든 사람들에게 고립당하기 십상이다.

5
자기성장을 저해하는 자만심을 버려라

겸손은 그 사람을 돋보이게 할 뿐 아니라 측정할 수 없는 깊이를 느끼게 한다. 반면 자만심은 인간의 마음과 정신을 한없이 나약하게 만든다.

자만에 빠진 사람은 나태하거나 목표에 대한 집념이 희박한 경우가 많다. 또한 인간관계에 있어서도 상대를 무시하는 경향이 강해, 그로 인해 주위 사람들로부터 멸시를 받게 된다.

또한 자만심은 실패를 자초한다. 자만심이 자신의 내부에 충만해 있으면 자신을 컨트롤할 수 없게 되어 인생의 경주에서 패배할 확률이 높다. 또한 인기를 하락시키고 휴식을 취하지 못하게 하며 잠을 못 이루게 만든다.

좁은 길에서는 먼저 가려고 남과 다투지 말고 한 걸음 양보하고, 맛 좋은 음식은 혼자 즐기지 말고 남과 나누며 함께 즐겨라.

남에게 양보하는 것을 어리석다고 할지 모르나, 내가 남에게 양보하면 그 사람도 다른 누군가에게 양보하기 마련이다. 곧 양보하는 마음과 겸손한 태도는 자신은 물론이고 모두를 위하는 것이 된다. 또한 그것은 적을 만들지 아니하므로 세상이 살 만하다고 느껴질 것이다. 그리고 그것은 곧 자신을 위하는 일이 된다.

특히 우리나라에서는 예로부터 겸손의 미덕을 높이 평가해 왔다. 결코 뽐내거나 자신을 내세우지 않는 미덕을 가진 사람이야말로 진정으로 존경받을 만한 사람이라는 생각에서다.

자신이 없거나 부족함이 많은 사람일수록 겸손하지 못하다. 그들은 자신을 타인에게 알리기 위해 가급적 많은 것을 나타내 보이고 싶어 하기 때문에 늘 행동이 위태로우며 공허하고 추상적이다. 우리는 주위에서 오만하고 불손한 사람들을 수없이 본다. 그러나 그러한 행동은 타인에게 오히려 초라하게 비쳐질 뿐이다.

사람은 언제나 겸손함과 양보함과 남을 용서하는 마음으로 세상을 살아가야 한다. 그리고 자신의 행동에 대해서는 관용을 베풀어서는 안 될 만큼 엄격해야 한다. 자기에게 잘못이 없는지를 언제나 반성하고 후회하는 일이 없도록 노력해야 한다.

벼가 익을수록 고개를 숙이듯이 사람도 덕이 있고 훌륭한 사람은 겸손하다. 남보다 조금 나은 게 있다고 거만하거나 뽐내서는 안 된다. 그것은 자신이 못났다는 것을 스스로 알리는 행위이며 마음이 좁다는 것을 스스로 증명하는 꼴이다. 또한 그러한 사람을 좋아할 사람은 이 세상에 한 사람도 없다는 사실을 빨리 깨달아야 한다.

언제나 자신을 내세우고 겸손하지 못한 사람은 마음에 담긴 심지가 없다는 것을 스스로 증명하는 것이나 다름없다. 돈이 많은 부자는 돈 자랑을 하지 않고, 진정한 애국자는 자기가 애국자라고 말하지 않는다. 진실로 참된 인격의 소유자는 묵묵히 자기 일에 힘쓸 뿐, 결코 뽐내거나 자랑하지 않는다.

　당신도 많은 사람들로부터 존경받고 원만한 대인관계를 유지하려거든 겸손해져야 한다. 특히 부귀공명을 누리는 사람은 남들이 미워하거나 질투의 대상이 되기 쉬우므로 더욱 자신을 낮춰야 한다. 겸양의 미덕으로 자신을 낮추어 겸손하면 질투를 면할 뿐만 아니라 도리어 신망을 한 몸에 받을 수도 있을 것이다.

　▶ 내가 남에게 양보하면 다른 사람도 누군가에게 양보하게 되므로 세상이 살 만하다고 느껴질 것이다. 그리고 그것은 곧 자신을 위하는 일이 된다.

6
약속을 지켜라

나폴레옹 1세는 "약속을 지키는 최상의 방법은 결코 약속을 하지 않는 것이다."라고 했다. 그것은 약속이란 것이 그만큼 지키기 어렵다는 말인 동시에, 책임지지 못할 약속을 마구하여 보이지 않는 그물에 스스로 옭아매어지는 일이 없어야 한다는 뜻이다.

친구 중에 보면 약속을 해놓고서 언제나 지키지 않는 사람이 있다. 그리고는 '죄송합니다. ○○ 때문에 어찌나 바쁜지. 게다가 차가 막혀서…….'라고 변명을 늘어놓는다.

그 친구는 매사가 그런 식이다. 설령 그런 사람이 아니라고 해도 그렇게 인식되기 싶다.

약속을 할 때는 사전에 충분히 생각하고 반드시 지킬 수 있을 때 해라. 약속을 해놓고 나서 바빠서 못 지켰다느니, 갑자기 일이 생겼다느니, 일이 그렇게 될 줄 몰랐다느니 하는 것은 인간관계를 크게 해치는 독소가 된다.

바쁘다거나 사정이 있는 것은 누구나 마찬가지다. 실제로 바쁘거나 사정이 있다면 무리하게 약속을 하지 말거나, 피치 못할 사정이 있으면 미리 사전에 연락을 취해서 상대방에게 양해를 구해야 하는 것이 예의이다.

게으르거나, 서툴거나, 생각이 짧아 앞일을 예상하지 못했던 자신의 피치 못할 사정은 어디까지나 자신의 문제인 것이다. 그로 인해 상대방에게 손해를 끼치고 신뢰를 저버린다면 결코 좋은 인간관계를 유지할 수 없다.

따라서 약속을 지극히 소중히 생각하고 모든 행동의 기준으로 삼아야 한다. 약속을 어기면 상대방이 배신감을 느끼게 되어 그 관계에 서서히 금이 가기 시작하고, 다른 약속을 해도 믿음을 주지 못하기 때문이다. 당신에 대한 사회적 평가는 약속을 지키느냐, 못 지키느냐로 판가름 난다는 것을 명심해라.

또한 약속은 인간의 마음을 사로잡기 위하여 고안된 가장 효과적인 방법이다. 그것은 진실에 근거를 두고, 희망적인 결과를 기대할 수 있을 때 바람직한 동의를 얻는다. 무엇이든지 '믿을 수 있다.'는 마음이 생겼을 때 약속을 하게 되고, 분명 좋은 결과를 가져올 것이라고 기대하게 되는 것이다.

당신도 냉정히 자신을 한번 돌이켜 보라. 의미 없고 부질없는 약속을 남발하지는 않았는지, 그리고 책임질 수 없는 약속을 무심코 내뱉지는 않는지……

만약 그렇다면 지금 이 순간부터 그러한 습성을 버려라. 그렇게 하지 않으면 당신은 성공과는 거리가 먼 사람이 될 뿐만 아니라 좋은 인간관계를 맺을 수 없게 된다.

우리 주위를 한번 둘러보자.

사회적으로 평가가 낮은 직업에 종사하고 있는 사람들을 자세히 살펴보라. 그들은 사업상의 약속이든, 인간적인 약속이든 잘 지키지 않는다. 이것이 바로 그들의 사회적 지위를 떨어뜨리게 하는 원인이다.

정치가든, 사업가든, 장사를 하는 사람이든 간에 개인적이든 약속을 철저히 지키는 사람이 성공하지 못한 것을 보았는가. 그만큼 약속을 지키는 것은 당신이 성공하는 데 필요한 절대적 조건이다.

나름대로 인간성도 좋고 재능도 있는데 하는 일이 제대로 되지 않는 사람이 있다. 그런 사람은 대개가 약속을 잘 지키지 않는 사람이다.

자신의 입을 통해 한 약속을 지키지 않는 사람을 누가 믿을 것이며, 누가 당신과의 약속을 지키려고 노력하겠는가. 다시는 당신과 약속을 하려 들지 않을 것이다.

약속을 할 때는 신중을 기하고, 일단 약속을 하면 철저히 지키도록 해라.

▶ 자신의 입을 통해 한 약속을 지키지 않는 사람을 누가 믿을 것이며, 누가 당신과의 약속을 지키려고 노력하겠는가.

7
상대를 포근하게 대하고 배려하라

세상에는 모래알처럼 많은 사람들이 살고 있다.

그러므로 성격도 표정도 사람을 대하는 방식도 각양각색이다. 그렇기 때문에 어떻게 하면 부드럽고 편안하게 상대와의 인간관계를 유지할 수 있는가 하는 것에 좀 더 신경을 써야 할 것이다.

'아무리 주어도 줄지 않는다. 그러나 받는 자는 풍부해진다. 또한 어떤 부자라도 이것 없이는 결코 풍요로울 수 없으며, 어떤 가난뱅이도 이것으로 인해 풍부해진다.'는 격언이 있다.

이것은 미소를 극찬한 말이다. 다소 확대된 느낌이 들지 않는 것은 아니지만 미소는 그만한 가치가 충분히 있다는 말이다.

필자는 며칠 전 중요 요직에 있는 사람들이 모인 만찬회에 초청을 받아 참석하게 되었다. 그런데 많은 사람들 가운데 유독 화려하게 차려입은 한 여성이 눈에 띄었다.

그녀는 돋보이기 위해 노력한 흔적이 역력했다. 호화로운 모피와 진주 등으로 현란하게 치장하고 자신 있는 태도로 앉아 있었던 것이다.

그러나 그녀의 표정은 심술과 자만심을 뚜렷하게 나타내 보였다.

즉 그녀는 의상이나 겉치레보다는 순수한 표정이나 매혹적인 미소가 그 사람의 인품을 나타내는 값진 매력이라는 간단한 사실을 깨닫지 못한 것이었으리라.

간단한 예로 다른 동물들보다 개가 귀여움을 받는 것도 이러한 이유일 것이다. 개는 주인을 보면 일단 꼬리를 치며 기뻐서 어쩔 줄 몰라 한다. 그러니 자기를 반기는 개를 어찌 귀여워하지 않을 수 있겠는가.

그러나 인위적인 미소 — 마음에도 없는 미소는 아무런 소용이 없다. 오히려 사람들은 그런 기계적인 미소에 싫증을 느끼고 말 것이다. 여기에서 중요한 것은 진심에서 우러나오는 미소, 마음까지 포근해지는 따뜻한 미소라는 사실을 잊지 말기 바란다.

뉴욕에 있는 모 백화점에서는 여점원을 채용할 때 그 사람의 학력이나 조건보다 사랑스러운 미소를 지닌 여성을 선택한다고 한다. 미소 띤 얼굴은 그만큼 상대를 편하고 포근하게 만들어 주기 때문일 것이다.

앞에서도 언급했지만, 하버드대학의 교수였던 윌리엄 제임스는 다음과 같이 주장하고 있다.

"행동은 감정에 의해 표현되는 것처럼 보이지만, 사실은 행동과 감정은 병행하는 것이다. 다만 행동은 의지에 의해 직접 통제할 수 있지만, 감정은 그렇지 못하다. 그러나 감정은 행동을 조정함으로써 간접적으로 조종할 수 있으므로, 쾌활함을 잃었을 때 그것을 회복하는 최선의 방법은 일부러라도 쾌활한 척 행동하고 쾌활하게 이야기하는 것이다."

인간은 누구나 주위의 사람들로부터 인정받고, 사랑받고 싶어 한다. 또한 행복해지기를 원한다. 그러나 행복은 재산이나 혹은 경제력

따위의 외적인 조건에 의해서만 얻어지는 것이 아니며, 자신의 마음가짐이나 인간관계가 좌우한다.

만나면 편안하고 또한 자신의 마음을 숨김없이 털어놓을 수 있는 포근한 사람이 될 때 당신 주위에 사람들이 모이게 될 것이다.

▶ 뉴욕의 모 백화점에서는 백화점의 여직원을 채용할 때 그 사람의 학력이나 조건보다 사랑스러운 미소를 지닌 여성을 선택한다.

8
자기만의 매력을 지녀라

　인간에게는 말로는 표현할 수 없는 개개인이 지니고 있는 멋과 개성이 있다. 모든 면에서 완벽할 수는 없지만 어딘가 호감을 주는 사람, 어쩐지 좋다는 감정을 느낄 수 있는 것, 그것이 그 사람의 매력이다.

　결코 남들이 흉내 낼 수 없는 자기만의 매력, 그것이야말로 인간이 가질 수 있는 가장 큰 신비가 아닐까.

　비즈니스의 세계에서도 상대방에게 신뢰감과 인간적인 매력을 끌 수 있어야 한다. 그래야만 상품에 대해서도 믿음과 호감을 갖게 되며 자연스럽게 고객과도 가까워질 수 있을 테니 말이다.

　사회생활에서도 마찬가지다. 도무지 호감을 가질 수 없는 사람이 있는가 하면, 미숙한 점이 없지 있지만 왠지 모르게 마음이 가는 그런 사람이 있다. 작은 부분이라도 좋다. 누구도 흉내 낼 수 없는 자신만의 매력을 갖고 있는 사람은 그것만으로도 상대방을 자기편으로 끌어들일 수 있다.

　그러면 자신의 매력을 어떻게 찾아내고 어떤 방법으로 가꾸어 나갈 것인가?

첫째, 사회생활을 함에 있어서는 무능한 자는 매력이 없다. 남보다 부지런히 그리고 명쾌하게 업무를 처리할 수 있어야 한다. 일을 명쾌하게 마무리하는 것을 습관화한 사람이라면 일단 누구에게나 인정받게 될 것이다.

현대인들은 직장생활을 함에 있어 월급에 그다지 연연해하지 않는 경향이 있다. 그것은 다시 말해서 월급보다는 장래성, 혹은 긍지와 자부심에 더욱 치중하고 있다는 얘기이다. 혹 당신이 그달 그달의 수입에만 매달려 있는 샐러리맨이라면 긍지를 찾도록 노력해야 할 것이다.

긍지가 있는 사람은 장래를 볼 수 있는 안목이 있는 사람이며, 그런 열의를 가진 사람은 일을 할 때 자신 있고 활기차게 일하기 때문에 매력적일 수밖에 없다.

둘째는 긍정적인 사고를 갖는 것이다.

'무슨 일을 시작하려 해도 자본이 없어서……' 또는 '정말 좋은 아이디어가 있는데도 돈 때문에 할 수 없다.'고 하소연하는 이들을 우리는 주위에서 자주 볼 수 있다.

그러나 그것은 추진력이 없는 자들이 자기를 합리화하기 위한 구실에 불과할 뿐이다. 처음부터 큰 자본을 가지고 해야 한다고 생각하기 때문에 문제가 된다.

'큰 둑도 한 삽의 흙이 모여 완성된다.'는 생각을 가지고 모든 일에 임해 봐라. 처음부터 큰 둑만을 생각하면 자본이 문제가 될 수밖에 없다.

그러나 한 삽의 흙은 큰 자본 없이도 얼마든지 가능하다. 그 한 삽의 흙을 쉼 없이 쌓을 때 마침내 둑이 탄생되듯이, 노력하는 가운데 목표는 달성될 수 있는 것이다.

인간관계에 있어서도 구실을 찾는 데만 급급해한다면 상대는 분명히 당신의 나약하고 솔직하지 못한 태도에 실망하게 될 것이다.

▶ 결코 남들이 흉내 낼 수 없는 자기만의 매력, 그것이야말로 인간이 가질 수 있는 가장 큰 신비가 아닐까.

9
작은 인연도 소중히 여겨라

'돈 떨어지면 친구도 떨어진다.'는 이야기가 있다. 이것은 돈이나 지위 등을 목표로 사귀거나 이용가치를 계산하고 사람을 사귀는 사람들의 이야기라고 생각한다.

물론 돈은 귀중한 자산이다. 그러나 이 세상은 돈으로 살 수 없는 인간의 '가치'가 얼마든지 있다. 인간의 '가치'가 돈만으로 정해진다면 예금통장의 잔액이 가장 큰 관심사가 될 것이다. 그러나 그런 가당치 않은 일은 있을 수 없다.

돈이 전부가 아님은 모든 사람들이 알고 있는 사실이다. 그렇다면 인간의 '가치'는 무엇으로 결정되어지는 것일까?

인간의 가치란 그 사람의 '인격'이라 생각한다. 생각을 조금만 바꾸면, 그 사람의 인격은 돈 이상의 가치를 낳는다는 것을 알게 될 것이다. '인격'을 보고 사람이 모이고, 돈마저도 모이게 되기 때문이다.

'그 사람이라면 정말 틀림없다.'라고 믿게 하는 인격적인 매력이야말로 인간이 지닐 수 있는 가장 중요한 가치라고 생각한다.

'게는 자신의 껍질과 비슷한 구멍을 판다.'고 한다. 인간의 경우도 마찬가지가 아닐까 싶다. 자신이 판 구멍의 크기가 그 사람의 '그릇' 크기가 아닐까?

'그릇'이 큰 사람은 예외 없이 겸허하다. 〈논어〉에 나오는 공자의 말을 잘 이해하고, 그것을 실천하면서 살아가면 겸허해질 것이다.

공자는 "세 사람이 가면 반드시 내 스승이 있다."라고 가르치셨다. 그것은 생활 속에서 부딪치고 만나는 많은 사람들이 스승이라는 사실을 깨닫게 하는 말이다. 상대가 어떤 사람이든 상관없이, 즉 나를 제외한 모든 사람들로부터 배울 점이 있다는 말이다.

인생의 행로에 있어서 자신의 스승으로 받들 만한 사람을 만나고자 원하면, 세상 도처에서 만날 수 있다. 단지 그것을 스스로 깨닫지 못하기 때문에 자신은 항상 혼자이며 자신을 이끌어줄 스승이 없다고 속단하는 것뿐이다.

공자는 "어떤 사람에게든지 그 사람 나름대로 가지고 있는 천분(天分)이 있다."고 말하면서, 인간의 존엄성에 대해 가르치고 있다.

겸허한 마음으로 주변의 말에 귀를 기울여 봐라. 그리고 소매를 스친 정도의 자그마한 인연도 소중히 여겨라. 우리의 스승이 도처에 널려 있음을 알게 될 것이다.

공자의 가르침을 깊이 새기면서 인간관계에 대처한다면 결코 당신의 삶은 고립되거나 외롭지 않을 것이다.

인생은 만남이다. 인간관계를 떠나서는 삶 자체를 생각할 수 없다. 우리를 떠나서 내가 있을 수 없고, 네가 있을 수 없다.

이처럼 만남이 소중한 만큼, 그것은 성실한 인격적인 만남이어야 한다. 성실과 신의를 바탕으로 서로가 존경 속에서 각자의 개성과 인격을 인정하고 아름다운 조화를 이룰 때 진정한 의미가 있다.

▶ 생활 속에서 부딪치고 만나는 많은 사람들이 스승이라는 사실을 깨달아야 한다. 나를 제외한 모든 사람들로부터 배울 점이 있기 때문이다.

10
사소한 일이라도 소홀히 하지 마라

　인간과 인간과의 만남에 있어 신용을 잃으면 더 이상 그 만남은 유지되지 못한다. 그것은 인간관계의 기본 철칙으로 할 수 있을 만큼 중요하다.

　신용은 약속을 지키는 데서부터 시작된다. 가장 기본적인 약속은 자기 자신과의 약속이며, 그다음이 타인과의 약속이다.

　우리는 흔히 약속을 번번이 어기는 데도 오랜 만남을 정리하지 못하고 계속 만나는 경우가 적지 않다. 또한 인간적 정을 생각해서 못 받을지도 모르는 돈을 꿔주거나 어려운 부탁을 거절하지 못한다. 그러나 마음속에서는 조금씩 선을 긋고 있음을 느낄 것이다.

　동료 중에 모든 사람으로부터 신용이 있다는 평을 받는 사람을 유심히 지켜봐라. 그 사람은 금전거래는 물론이거니와 사업상의 거래 약속에서부터 사소한 술자리의 약속, 심지어는 어린아이들에게 지나가는 말로 한 약속까지도 철저히 지키는 사람일 것이다. 또한 거래처에서는 어떤 약정서나 계약서 이상으로 그 사람을 신뢰하고, 어음장이나 공증서보다도 그 친구의 말을 더 신용할 것이다. 그것은 본인에게 숫자로는 계산할 수 없는 많은 플러스 요인임이 분명하다.

일상적인 모임에 있어서도 그렇다. 그 사람이 온다고 약속을 하면 아무리 늦어도 무슨 사연이 있겠지 하고 모두들 기다린다. 다른 사람 같으면 얼마간 기다리다 으레 오지 않을 사람으로 간주해 버리지만, 그 친구의 경우는 올 시간이 지나도 당연히 온다고 생각하고 모두들 기다리는 것이다.

그런데 다른 한 친구는 어릴 적부터 같이 자란 오랜 친구이나 약속을 잘 지키지 않아 신용이 없다는 평을 듣는다. 그가 돈이 급히 필요해서 빌려달라고 해도 아무도 선뜻 빌려주지 않는다. 그리고 친구들의 모임에 있어서도 그 친구가 오든 오지 않든 신경을 쓰지 않는다. 꼭 온다고 해도 '와야 오는 것이지.' 하고 관심이 없다.

또한 단둘만의 약속의 경우에 있어서도 웃지 못 할 일이 있다. 어떤 친구는 약속시간을 제대로 지킨 적도 없고, 아무 연락도 없이 약속을 어기는 경우가 종종 있다. 그래서 그 친구와 약속을 하면 미리 약속장소에 그 친구가 나왔는지를 확인하고 그때서야 출발하는 것이다.

참으로 서글픈 일이 아닐 수 없다. 때로는 그 친구에게 동정이 가기도 한다. 주위에서 그 친구의 말을 믿어주는 사람은 거의 없다. 심하게 표현하자면 그 친구의 말은 '숨 쉬는 것을 제외하고는 모두가 거짓말.' 이라고들 한다. 얼마나 불행한 일인가!

이 두 사람의 경우를 비교해 볼 때 당신은 새삼 약속의 중요성을 실감했을 것이다. 또한 그것을 알고 있지만 제대로 실천하지 못했다면 깊게 반성하고 시정해야 한다. 그렇지 않으면 잃어버린 신용을 회복하는 것이 불가능하다.

신용은 하루아침에 쌓이는 것도 아니지만, 한순간에 모든 신뢰 관계가 무너져 버리는 것도 아니다. 하지만 사소한 약속을 자주 어기다 보면 당신도 후자의 경우와 같은 멍에를 쓰지 않을 수 없다.

아무리 사소한 약속이라도 일단 약속을 했으면 어떤 상황 하에서도 철저히 지켜라. 그것이야말로 당신의 인생을 성공적으로 이끄는 중요한 자본이 될 테니까 말이다.

인간관계에 있어서 신용을 잃으면 더 이상 그 만남은 유지되지 못한다. 그것은 인간관계의 기본 철칙이라고 할 수 있을 만큼 중요하다.

당신의 사고방식을 따르도록 만드는 테크닉

▶ 가장 훌륭한 언쟁 방법은 언쟁을 회피하는 것이다.

▶ 다른 사람의 의견에 대해 경의를 표해라. 그가 옳지 않다는 말을 직접적으로 하지 마라.

▶ 당신이 옳지 않을 때는 빨리, 또한 단호하게 이를 인정해라.

▶ 순리적으로 이야기해라.

▶ '예스'라고 대답이 나올 수 있는 문제를 골라서 화제로 삼아라.

▶ 다른 사람으로 하여금 마음껏 이야기하게 배려해라.

▶ 그 의견이 자신에게서 나온 것처럼 느끼게 해라.

▶ 진심으로 다른 사람의 입장에 서서 관찰하도록 노력해라.

▶ 다른 사람의 생각과 소망을 이해해라.

▶ 보다 숭고한 동기에 호소해라.

▸ 생각하는 바를 극적으로 표현해라.

▸ 대항 의식을 북돋워줘라.

4장

상대방에게 좋은 이미지를 심어주는 기본 원리

대화의 중요성을 깨닫고 타인을 존중하라

인간의 일생은 말로 시작하여 말로 끝난다고 해도 과언이 아니다. 우리는 의식이 있는 한 끊임없이 누군가와 대화를 나누며 생활한다. 아기는 울음으로 자신의 의사를 밝히고 자라는 동안 언어를 배워 다양한 방법으로 자신을 표현한다.

인간은 살아 있는 동안 끊임없이 말을 하고 말을 듣는다. 말이 없는 인간생활은 상상할 수 없다. 대화의 필요성은 인간이 사회생활을 영위하는 데 있어 거의 모든 부문에서 요구된다. 오늘날과 같이 과학이 고도로 발달하고 버튼 하나만 누르면 컴퓨터가 알아서 모든 일을 처리해 주는 시대에서는 대화의 필요성이 더욱 강조될 수밖에 없다.

대화의 필요성을 인식하지 못하거나 무관심한 사람은 인생 항로를 순탄하게 항해하지 못하고 성공을 내 것으로 만들 수가 없다. 고객을 설득시키지 못하는 세일즈맨, 대중을 설득시키지 못하는 정치가, 부하를 설득시키지 못하는 상사, 재판관이나 배심원을 설득시키지 못하는 변호사, 자녀를 설득시키지 못하는 부모, 여자를 설득시키지 못하는 남자…… 등은 대화의 중요성을 깨닫지 못해 성공 항로에서 벗어나고 있다.

사람이 사람과 대화를 나누고 상대방을 설득하여 자기 뜻대로 움직이는 힘을 기른다는 것은 현대 생활에 있어 성공과 승리를 보장받고 보다 충실한 인생을 보장하는 자격증을 따내는 것과 마찬가지이다.

우리는 인생에 필요한 모든 것을 타인을 통해 얻으며 타인과 함께 나누고 공유한다. 사회적 지위도, 명성도, 부도, 풍요로운 삶도 타인이 있어야 존재한다.

이렇게 귀중한 타인과 잘 지내고 원활한 의사소통을 하며 생활해 나가기 위해서는 그에 합당한 방법을 익혀야 할 것이다.

▶ 사회적 지위도, 명성도, 부도, 풍요로운 삶도 타인이 있어야 존재한다. 그러므로 타인과 잘 지내는 방법을 터득해 둘 필요가 있다.

2
상대의 마음을 읽어라

대화의 중요성을 깨닫고 타인을 존중하는 사람이 충실한 인생을 살 수 있다고 했지만, 어떤 식으로 대화를 하는 것이 바람직한지를 한마디로 설명하는 것은 쉽지 않다.

말을 잘하고 못하고에 따라 처음 만나는 사람에게 전혀 다른 인상을 준다. 뿐만 아니라, 좋은 인상을 주는 사람과 그렇지 못한 사람은 인생 항로를 항해하는 데 큰 차이가 있다.

'나는 말을 잘 못 해서……'

'그렇게 설명했는데도 알아듣지 못하니……'

전자는 기술적인 결함이 문제이고, 후자는 듣는 사람의 청취 능력에 문제가 있는 것이다. 아마 전자의 경우는 대화술이 부족한 듯하고, 후자는 설명을 잘했는데 상대방이 제대로 이해하지 못한 듯하다.

그런데 후자의 경우, 설명하는 사람이 적절하게 표현했다면 상대방이 알아듣지 못할 리가 없다는 생각이 얼핏 든다. 이를 전제로 생각해본다면, 말하는 사람의 대화 능력에 문제가 있는 것이 분명하다. 상대방의 입장에서 설명하는 방법이 부족하거나, 상대방의 마음에 호소할 수 있는 정신적 에너지가 부족할 경우 이런 일이 생기기 때문이다.

원활한 대화의 성패 여부는 기술에 있는 것이 아니라 상대방의 마음에 얼마나 절실히 와 닿고 공감을 느끼게 하는가에 달려 있음은 두말할 나위가 없다.

중국의 병법에 '적을 알고 나를 알면 백전백승.'이란 말이 있다. 서로 마음이 통하는 대화를 나누고, 상대방을 움직이고 싶다면 먼저 상대방의 마음을 읽어야 한다. 상대방의 마음이 어떤 상태인지를 알아야 좋은 인상을 주는 대화가 가능해질 테니 말이다.

혹여 대화의 내용을 상대방이 알아듣지 못했다 해도 상대방을 탓해서는 안 된다. 도리어 알아듣지 못하도록 설명한 당신의 잘못이 무엇인가를 먼저 생각해야 한다. 대화에 능숙한 사람이 되려면 인간에 대한 전문가가 되어야 한다는 말이 괜히 나온 것이 아니다.

'저 사람은 도대체 속을 알 수가 없어.'

'저 사람은 바보야.'

'도대체 무슨 생각을 하고 있는 건지……'

만약 누군가를 향해 이런 말을 한 적이 있다면, 상대에 대해 얼마나 무지한지를 각성해야 한다. 그런데 이런 경우에 도리어 '이해하기 힘든 사람까지 이해하면서 어떻게 사나? 난 나답게 살겠어.'라고 말한다면 대화를 잘하고 못 하고와는 상관없이 사회생활이 순탄하지 않을 거라 예상된다.

열 사람을 만나 얘기를 나누었는데, 마음이 통한 사람이 다섯 명 정도라고 생각된다면 자신의 대화 능력을 한 번쯤 의심해 봐라. 회의와 반성을 통해 문제의 실마리를 찾을 수 있는 법이니까.

대화가 잘 통하지 않는 것을 남의 탓으로 돌리는 사람은 무슨 일을 하든 성공하기 어렵다. 이런 사람은 비즈니스로 만나는 모든 상대에게 좋지 못한 인상을 줄 것이 뻔하고, 이로 인해 일의 진행에 갖은 문제들을 야기시킬 테니까 말이다.

인간관계를 무시하고 무조건 남의 탓으로 돌리면서 대화술 익히기를 거부하는 사람에게 인간의 존재에 대해 이해시키기는 것은 참으로 쉽지 않다. 그리고 이런 사람은 가치 있는 인생을 설계하기도 어렵거니와 때에 따라서는 스스로 무덤을 파기 십상이다. 이런 관점에서 본다면, 대화에 능숙한 사람은 인간 존재에 대한 이해가 깊다고 볼 수 있을 것이다.

'인간이란 무엇인가?'라는 명제에 대해서는 수많은 철학자, 과학자, 종교인 등이 다각도로 연구하고 고찰해 왔다. 아리스토텔레스는 '인간은 사회적 동물이다.'라고 했고, 소크라테스는 '인간은 이성을 가진 동물이다.'라고 했으며, 파스칼은 '인간은 생각하는 갈대이다.'라고 논했다. 또 다른 평론가는 '인간은 본래 선한 존재인가, 악한 존재인가? 동물적인 존재인가, 신성한 존재인가?'라고 물으며 끊임없이 논쟁을 부추기고 있다.

하지만 인간이 어떤 존재인가에 대한 해답은 달과 화성에까지 우주선이 발사되고 최첨단 컴퓨터가 산업을 관리하는 현재는 물론이고 미래에도 찾아내기 어려울 것이다.

그렇다고 해서 인간에 대해 너무 어렵게만 생각할 필요는 없을 것 같다. 가능하면 모든 관계를 단순화시키는 것이 바람직하다는 말이다. '인간 또한 세상의 다른 모든 것들과 다를 바 없다.'라는 식으로.

물론 이 말에 반론을 제기하는 사람도 있을 것이다. 인간은 타고난 성격이나 환경, 사회적 지위 등에 의해 사고방식이나 행동양식이 달라질 수 있으니까 말이다. 하지만 인간의 마음은 겉으로 드러난 사고나 언동에 의해 좌우되는 것이 아니라, 인간의 내면 깊숙한 곳에 자리잡은 일반적인 감정 — 기쁨, 슬픔, 유쾌함, 불쾌감, 분노, 두려움 — 등에 의해 조절되는 것이다.

예를 들어 아들이 죽었는데 기뻐할 부모가 있을까? 돈이 너무 많다고 자살할 사람이 있을까? 예의 바른 행동에 불쾌해하는 사람이 있을까? 욕을 먹고 즐거워할 사람이 있을까? 배신당하고 감동할 사람이 있을까? 등으로, 분명 인간의 감정을 자극하는 근본적인 원인은 같을지 모르나 표면에 드러나는 형태는 사람마다 다르다.

'신은 인간을 평등하고 동일한 형태로 창조했다.'라는 말이 있지만, 꼭 그렇지만은 않은 것 같다. 최소한 대화에 있어 인간의 사고와 능력, 행위는 분명한 차이를 보이니까 말이다.

▶ 상대방을 움직이고 싶다면 먼저 상대방의 마음을 읽어야 한다. 상대방의 마음이 어떤 상태인지를 알아야 좋은 인상을 주는 대화가 가능해질 테니 말이다.

▶ 열 사람을 만나 얘기를 나누었는데, 마음이 통한 사람이 다섯 명 정도라고 생각된다면 자신의 대화 능력을 한 번쯤 의심해 봐라.

3
자신에 대해 분석하라

'인간은 무엇인가?'라는 질문에 '인간은 바로 자신과 같은 존재이다.'라는 답변에는 무리가 없다. 즉 모습은 달라도 인간이 느끼는 마음은 모든 사람이 동일하다는 말이다.

이 사고방식을 대화에 적용하면 다음과 같은 이론을 추출해 낼 수 있다.

- 내가 싫어하면 상대방도 나를 싫어한다.
- 내가 좋아하면 상대방도 나를 좋아한다.
- 내가 웃는 얼굴로 대하면 상대방도 웃는 얼굴로 대해 준다.
- 내가 진지하게 말하면 상대방도 진지하게 들어준다.

이런 상호작용을 나열하자면 끝이 없겠지만, 이는 자신이 어떤 태도를 취하는가에 따라 상대방의 태도도 달라진다는 것이다.

따라서 먼저 자신의 모습부터 관찰하고 분석해 보면 다른 사람들에게 어떤 태도로 임하는 것이 좋을지를 알게 된다.

자신이 어떤 태도로 대화에 임하면 상대방의 마음에 닿을 것인지, 자신이 어떻게 행동하면 상대방의 마음을 자기 생각대로 조종할 수 있을지를 알고 싶으면 먼저 자기 자신에 대해 분석해라.

오늘날 고도로 발달된 행동과학이 입증한 바에 의하면, 인간 행동의 근본적인 동인(動因)은 개인의 내부에 잠재하고 있는 욕망·소망·충동 — 즉 인간의 욕구 그 자체라고 한다. 당신이 누군가를 설득시키고 그의 마음을 조종하려는 것은 뭔가 원하는 것, 즉 목적이 있기 때문이라는 얘기다.

인간의 내부에는 이러한 욕구가 행동의 원동력으로 잠재되어 있고, 인간은 이 욕구에 의해 다양한 행동을 하는 존재이다.

하지만 인간이 어떤 욕구를 가졌든지 간에 그것을 행동으로 이행하는 데는 공통된 하나의 법칙성과 방향성이 필요하다. 즉 '내게 이익이 되는 것을 지향한다.'는 말이다.

여기서 말하는 이익은 단순한 경제적 측면만이 아니라, 보다 넓은 의미를 포괄하고 있다. 불만과 부족함을 메우고 싶은 욕구, 과시하고 픈 욕구, 인정받고 싶은 욕구, 사랑받고 싶은 욕구 등의 다양한 형태의 욕구에 자극받아 먼저 그 결과를 상상한 다음 이익을 얻을 수 있는 — 욕구를 충족시켜 줄 수 있는 — 쪽으로 행동하게 된다.

인간의 욕구와 행동과의 관계를 대화라는 측면에서 생각해 보면 방법론에 대한 유익한 암시를 얻게 되며, 자신에게 이익이 되는 것을 지향하려면 말 잘하는 능력이 절대적으로 필요하다는 것을 인식하게 될 것이다.

인간에게는 죽을 때까지 끊임없이 욕구를 추구하려는 왕성한 에너지가 내재되어 있다. 또한 다른 동물과는 달리 인간만이 유일하게 갖고 있는 언어라는 유익한 도구가 있기 때문에 오늘날과 같은 문명사회를 구축할 수 있었다는 데 이견이 있을 수 없다.

그 왕성한 에너지가 욕망에 불을 댕기면, 인간은 자신의 욕구를 충족시키기 위해 대화를 필요로 하는 것이다.

▶ 인간은 욕구를 지닌 동물이다. 죽을 때까지 끊임없이 욕구를 추구할 것이다.

4
표정을 관리하여 좋은 인상을 만들어라

중국 속담에 '좋은 첫인상은 두 번 다시 만들어지지 않는다.'는 말이 있다.

우리는 원하든 원치 않든 간에 누군가에게 첫인상을 심어주는 상황에 처할 수 있기 때문에 평소에 세심하게 신경을 써야 한다.

그중에서도 영업직이나 전문직에 종사하는 사람의 경우에는 첫인상이 특히 중요하다. 업무 상황 보고, 인터뷰, 전화 응대, 상담, 분쟁 해결 등 매일 매일의 비즈니스 세계에서 수많은 사람과 만나는데, 이때 첫인상의 느낌에 따라 그 사람의 이미지가 결정되기 때문이다.

시시각각으로 상황이 변하는 비즈니스 세계에서는 거래·승진·교섭의 성패 여부가 상대방과 만난 지 수 분 안에 결정되는 경우가 허다하다. 얼굴을 마주하고 앉아 본론으로 들어가기까지 약 2분~4분, 전화일 경우에는 몇 초 안에 승부가 결정된다.

첫인상이란 당신에 대해 타인이 어떻게 느끼는가, 즉 처음 만난 당신에게 타인은 어떤 느낌을 받았는가 하는 것을 의미한다. 당신의 외관, 얼굴 표정, 복장, 단어 구사력, 음성 조절, 눈길, 태도 등이 모두 집약되어, 당신이 어떤 인물인지를 느끼는 자료로써 상대방에게 전달되는 것이다.

만약 첫인상이 좋았다면 당신은 여러 면에서 유리한 대접을 받게 되지만, 첫인상이 좋지 않았다면 회복하기 위해 상당한 노력과 시간을 투자해야 된다.

인상이 한 번 잘못 새겨지면 그것을 철회하는 데 상당한 노력이 요구되므로, 타인을 처음 만날 때에는 좋은 인상을 줄 수 있도록 각별히 신경 써야 한다. 그런데 개인적으로든 공적으로든 누군가를 처음 만나야 할 경우에 대수롭지 않게 생각하고 임하는 사람이 의외로 많다는 사실이 참으로 놀랍다.

사건을 유리한 쪽으로 이끌어가야 하는 변호사, 커다란 거래를 따내야 하는 비즈니스맨, 곤란한 입장을 모면해야 하는 의무를 띠고 기자회견에 임하는 회사 간부, 유권자의 마음을 끌어야 하는 정치가, 종업원의 능력을 최대한 발휘시키도록 지도·관리해야 하는 경영자, 취직을 희망하는 면접자 등등……. 사회생활을 하는 사람이라면 누구를 막론하고 좋은 인상을 심어주려는 노력을 기울여야 한다.

가장 좋은 인상을 심어주는 사람에게 실권과 신용, 자격이 주어지기 때문이다.

▶ 인상이 한 번 잘못 새겨지면 그것을 철회하는 데 상당한 노력이 요구된다. 따라서 타인을 처음 만날 때에는 좋은 인상을 줄 수 있도록 각별히 신경 써야 한다.

5
최초의 만남에서 상대방의 시선을 끌어라

다음에 소개하는 내용을 이해한다면 당신은 자신이 의도하는 대로 좋은 인상을 지어 보일 수 있을 뿐 아니라, 타인의 행동과 속마음을 읽어낼 수도 있게 될 것이다.

대화를 멋지게 구사하기 위한 첫걸음으로서 다음 4가지의 질문에 대한 해답부터 알아보자.

- 나는 타인의 눈에 어떻게 보일까?
- 내 목소리는 타인에게 어떻게 들릴까?
- 무엇을 말해야 할까?
- 나는 남의 말을 얼마나 잘 들어주고 있을까?

이 4가지 질문에 대한 대답을 자료로 활용하면 자신의 대화 방법이 좋은지 나쁜지를 판단할 수 있다.

또한 내용을 보다 잘 이해하게 되면 당신의 신체언어(보디랭귀지), 음성 조절, 단어 선택, 표현, 타인의 얘기 경청 방법 등을 상황에 따라

변형시킨다든가 멋지게 조정할 수 있는 구체적인 방법을 찾아낼 수도 있고, 임기응변의 지식으로도 활용할 수 있다.

대인관계를 성공적으로 이끌기를 원한다면 우선 자신이 어떤 유형의 대화법을 사용하는지부터 파악해 볼 필요가 있다. 왜냐하면 인간은 대화를 통해 의사소통을 하고, 특히 비즈니스맨들은 대부분의 업무를 대화를 통해 수행하기 때문이다.

그러나 자신의 대화 방법이 어떤지에 대해 알고 있는 사람이나, 알려고 노력하는 사람은 극히 드물다.

눈을 뜨고 있는 시간의 대부분을 우리는 누군가에게 얘기하고 혹은 누군가의 얘기를 듣고 토론하고 있음에도 불구하고 대부분의 사람들은 자신이 남의 눈에 어떻게 비칠 것인지, 무엇을 말해야 할 것인지 혹은 어떻게 청취해야 하는지 등에 대해서는 거의 주의를 기울이지 않고 있는 실정이다.

학문적인 조사 결과에 의하면, 처음 만난 사람에게 어떤 식으로 말해야 하나 그리고 그것을 말했을 때 나라는 존재는 어떻게 비칠 것인가 하는 문제가 실제로 말로써 표현되는 내용보다 훨씬 중요하다고 한다.

만약 상대방이 당신을 처음 봤을 때 매력을 느끼지 못하고 최초의 2분에서 4분 정도의 시간 내에 당신의 말에 귀를 기울이려 하지 않는다면, 당신이 아무리 박식한 지식을 자랑하고 권위를 내세운다 해도 상대방은 십중팔구 당신의 말에 관심을 표현하지 않을 것이다.

그렇게 된다면 당신이 아무리 진실만을 호소하는 변호사라 할지라도, 또는 최상의 물건을 판매하는 세일즈맨이라 할지라도, 혹은 국민을 위해 훌륭히 일할 수 있는 후보자라 할지라도 부정적인 생각을 품게 되어 정반대의 결과를 초래하고 만다.

타인과 대면하는 최초의 몇 분간은 상대방의 시선을 끌기 위해 최대한 노력해야 하는 시기이다. 이때의 느낌은 강렬한 인상으로 머리에 아로새겨져 오랫동안 지속되기 때문이다.

사람은 본능적으로 자신을 보호하려는 본성을 갖고 있어 누군가를 대하면 무의식적으로 상대방을 탐색하려 든다. 귀와 눈을 상대방에게 곤두세우고 최대한 많은 것을 보고 들어서 그 사람을 분석·판단하려 한다. 첫인상은 이 과정을 통해 이루어지는 것이다.

따라서 이때 좋지 못한 인상을 대뇌에 새기게 되면 차후에 아무리 노력해도 그 선입견을 변경시키는 것이 쉽지 않으며, 이때 좋은 인상을 새겨 놓으면 그다음 일은 별다른 노력 없이도 자연스럽게 받아들여진다.

사람과 사람이 처음 만났을 때 발생하는 상황이 그만큼 중요하다는 얘기다.

▶ 상대와 대면하는 최초의 몇 분간은 상대방의 시선을 끌기 위해 최대한 노력해야 한다. 이때의 느낌은 강렬한 인상으로 머리에 아로새겨져 오랫동안 지속되기 때문이다.

6
상대에게 인상적인 이미지를 심어줘라

사람은 가장 먼저 눈에 띄는 것에 주의를 집중하는 경향이 있으며, 전혀 낯선 사람을 대했을 때 그 사람에 대한 정보를 처리하는 과정은 일정한 순서에 의해 결정된다고 한다.

학자에 따라 약간의 견해 차이는 있으나, 미국의 넌버벌 커뮤니케이션(nonverbal communication) 전문가인 알버트 메라비안은 다음과 같은 요소에 의해 인상이 형성된다고 말한다.

- 성별 • 연령 • 외견 • 얼굴 표정
- 시선 • 태도 • 접근 허용 범위 • 접촉

이 8가지 요소와 비언어적 대화 요소가 실제로 많은 것을 언어 대신 표현해 주기 때문이다.

첫째로 '보는 것만으로 당신의 인상은 절반 이상 결정된다.'라고 거의 모든 학자들은 공통적으로 주장하고 있다.

즉 당신이 아직 한마디도 하지 않았어도 상대방은 당신의 얼굴 표정, 몸짓 등의 '보디랭귀지'를 통해 이미 당신에 대한 자신의 입장을 55% 이상 결정해 버린다는 것이다.

둘째로, 인간은 귀에 와 닿는 소리에 주의력을 집중하는 성향이 있다. 모든 사람의 목소리에는 각기 다른 음색, 소리의 크기, 높이, 음절, 억양 등 다양한 특색이 담겨 있기 때문이다.

서로 마주 보고 얘기할 경우, 대화로써 자신의 마음을 전달할 수 있는 것은 38% 정도라고 메라비언 박사는 주장한다.

전화로 통화할 경우에는 상대방의 얼굴 표정, 몸짓, 시선 등의 보디랭귀지가 차단되므로 목소리가 차지하는 비중이 절대적으로 커지게 된다.

마지막으로, 극히 일부이긴 하나 사용하는 단어에 주목하여 그 사람을 평가하기도 한다.

사용하는 단어로 그 사람을 평가하는 경우는 7%에 지나지 않는다고 하는데, 그렇다고 해서 단어가 인상을 결정하는 데는 그다지 중요한 요소가 아니란 뜻은 아니다. 단지 상대방이 이미 당신을 바라본 다음 마음에 들어 하지 않는다거나 혹은 호감을 주지 않는 말씨로 첫인상을 심어놓았을 경우 당신이 아무리 고상하고 유식한 단어를 골라 써도 이미 관심이 없기 때문에 주의를 기울이지 않는다는 뜻이다.

보고, 듣고, 생각하는 3단계의 비중을 고려하면 상대방에게 좋은 인상을 뿌리 깊게 새겨줄 수 있을 것이다.

▶ 보는 것만으로 당신의 인상은 절반 이상이 결정된다.

7
자신의 이미지를 그려보라

누군가가 당신을 처음 봤을 때 보이는 반응은 컴퓨터의 프로그래밍과 흡사하다. 우선 당신에 관한 정보를 몇 개 입력하여 그 정보를 토대로 당신이란 사람에 관한 특정 양상을 만들어 간다. 만약 정보 처리 도중에 연령이라든가 성별 등의 가변수에 의해 방해를 받으면 처리 가능한 다음 항목으로 진행하여 당신의 모든 것을 입력, 처리한다.

예를 들어, 여러 명의 사람이 한꺼번에 걸어갈 때 당신만이 유달리 키가 크다면 아무래도 당신에게 먼저 시선이 집중될 것이다.

심리학자인 낸시 헨리의 조사에 의하면, 여성 집단에 한 사람의 남성이 끼어 있으면 그 남성은 왠지 실행력이 뛰어나 보이고 믿음직스러워 보이며 그 집단 안에서 매우 큰 권한을 갖고 있는 것으로 여겨져 특별한 주목을 받는다고 한다. 그러나 그 반대로 남성들 틈에 한 명의 여성이 끼어 있으면 실력과는 무관하게 무시당하기 마련이다.

만약 성별이나 외견이 전혀 의외였거나, 생각했던 것과는 다르게 나타났을 경우 상대방은 당신에 대한 인상 형성에 있어 또 다른 평가 요소, 즉 당신의 얼굴이나 태도, 버릇, 접근 허용 범위 등으로 눈을 돌린다. 이들 모든 관찰 요소는 대개 앞에서도 말했듯이 보고, 듣고, 생각하는 순서에 의해 하나의 뚜렷한 이미지로 형성된다.

　다른 사람이 당신에게 시선을 주었을 때 반드시 유달리 두드러지는 곳(예를 들어 연령, 성별 혹은 외견 등)에 주목하는 것만은 아니다. 경우에 따라서는 상대방의 입장이나 경험을 바탕으로 당신이 가진 기술이나 전문 지식과는 거의 관계가 없는 부분이 먼저 포착될 수도 있다. 말하자면 당신의 사회적 지위나 일에 대한 내용보다는 악수하는 태도가 어떠한지, 혹은 말씨가 빠른지 느린지 등에 대한 인상이 더 강하게 남을 수도 있다는 의미이다.

　표정이나 몸짓 등의 보디랭귀지만으로도 자신이 말하고자 하는 내용의 절반 이상을 전달하게 되므로, 첫 대면 때 ‘나는 어떻게 보일까?’ 하는 점이 중요한 문제로 대두되는 것이다.

　악수하는 태도가 너무 거만하게 느껴졌다거나 억양이 너무 강하다거나 무의식적으로 얼굴을 찌푸리는 등의 행동은 당신이 현재 진행하고자 하는 업무의 내용, 예를 들어 상담이나 강연, 설득 등의 목적과는 전혀 관계가 없음에도 불구하고 결과에 상당한 영향을 미친다. 그 원인은 당신이 취한 행동으로 인해 상대방의 머릿속에 아로새겨진 이미지에 따라 판단하기 때문이다.

　▶ 상대가 당신을 처음 봤을 때 보이는 반응은 컴퓨터의 프로그래밍과 흡사하다.

8
대화 내용에 못지않게 목소리의 톤도 중요하다

처음 만난 상대가 당신에 관한 비언어적인 정보를 처리하는 과정을 알아보자.

여기서는 목소리가 정보 처리의 주요 자료가 된다. 심리학자나 언어 요법사들이 과학적인 실험으로 입증했듯이, 목소리는 많은 정보를 제공하는 중요한 요소이다.

사람의 목소리에는 그 사람의 인품이나 사고방식, 심리 상태, 감정, 현재의 입장 등이 그대로 드러나기 때문에 그 사람을 판단하는 데 유용한 자료가 된다.

예를 들어 생산성이나 노동성 향상에 관심을 갖고 있는 전문가들은 감독자의 목소리가 종업원의 작업 능률에 큰 영향을 미치고 있다는 사실에 일찍이 주목하여, 많은 연구와 실험을 통해 그 상관관계를 입증해 보이고 있다.

산업심리학자인 샌드라 시걸이 행한 흥미로운 연구 결과에 의하면, 관리자가 가진 목소리의 특징만 갖고도 대화가 어느 정도 잘 되고 있는지, 관리 방법이 어떤지를 비교적 정확하게 판단해 낼 수 있다고 한다.

특히 그녀는 목소리의 높낮이와 속도에 관한 청각적 자극을 중심으로 실험을 했는데, 이 두 가지만으로도 말하는 사람의 의도·엄격함·유연성·인내력·위험 부담 능력·작업 능률의 정도를 놀라울 정도로 정확하게 파악할 수 있다고 장담했다.

또한 경영자나 관리직에 있는 사람들은 자기와 비슷한 위치에 있는 사람들의 목소리를 유심히 관찰해 봄으로써 자신은 어떨 것인지를 유추해 낼 수 있다.

'자신의 목소리가 남에게 어떻게 들릴 것인가?'에 대해 알고 있는 사람과 전혀 의식하지 못하고 있는 사람 사이에는 취직을 위한 면접이나 기자회견, 설명회, 상담 등의 이해관계가 엇갈리는 공공장소에서 이야기할 경우 현저하게 차이가 난다고 한다.

변호사들은 특히 이 사항에 민감하다. 목소리의 높이나 크기를 상황에 맞게 적절히 조절하여 배심원이나 관람인의 마음을 조정한다.

비단 변호사뿐만 아니라 모든 경우에 있어 목소리의 높낮이와 크기만 조절하면 상대방의 감정을 자극하여 동정이나 인정을 얻어낼 수 있다. 아울러 때로는 긴장감이나 심리적 압박감을 주어 자신이 뜻한 바대로 상대방을 조정해 나갈 수도 있다.

미국의 모 상원의원은 유세 때 대중들 앞에서 우렁차게 연설하고 싶지만 목소리를 크게 내면 혀가 말려들어 소리가 제대로 나오지 않는 다며 언어 교정사를 찾아와 호소했다.

이 후보는 별의별 방법을 다 써보았으나 천성적으로 큰 소리를 내기엔 음량이 부족하다는 판단을 받고 실의에 빠졌다.

언어 교정학자는 그 후보가 소그룹의 사람들과 얘기할 때는 무리 없이 소화해 낸다는 사실을 포착하고 그러한 점을 최대한 살리도록 권장했다.

아울러 선거운동 때는 목소리가 굵고 큰 소리를 내는 해설자를 고용하고, 선전은 거의 인쇄물을 중심으로 하되 본인은 대중에게 호의적인 인상을 주는 제스처를 많이 사용하라고 권했다.

또한 기자회견이나 토론회, 방송 인터뷰 등은 가능하면 피하는 전략으로 가까스로 당선되었다.

▶ 관리자가 가진 목소리의 특징만 갖고도 대화가 어느 정도 잘 되고 있는지, 관리 방법이 어떤지를 비교적 정확하게 판단해 낼 수 있다고 한다.

9
무엇을 말할 것인가를 떠올려보라

최초 몇 분 동안에 비언어적인 요소와 음성에 의한 대화로써 메시지의 90% 이상이 전달된다고 해도 과언이 아니다. 그러나 좋은 인상을 주었다 하여 그것으로 문제가 해결된 것은 아니다.

첫인상이 중요하다는 것은 처음에 좋은 인상을 심어놓고 그것을 이용하여 목적하고자 하는 일을 보다 효과적으로 이루자는 데 있다. 그렇다면 좋은 인상을 심은 다음엔 소기의 목적을 달성하기 위해 무엇을 어떻게 말하면 좋은가가 문제의 핵심이다.

화술이란 것은 말할 당시의 청취자, 장면, 화제 등이 서로 상이하면 이미 전달되어 있는 비언어적인 인상이나 음성에 의한 메시지 등의 균형이 붕괴되어 앞서 노력한 결과가 제 구실을 다하지 못하고 흐지부지해진다.

표정이나 태도 등의 보디랭귀지, 음성, 언어를 총동원하여 구사하는 예를 하나 들어보자.

콘솔리데이티드 브랜즈 사는 소비자 한 사람 한 사람과의 연결을 확립시키는데 노력하는 회사라는 이미지가 형성되어 있다. 사장인 아서 버그만 자신도 그러한 이미지 확대를 중요시해 왔다.

그런데 어느 날 콘솔리데이티드 브랜즈 사의 신제품을 사용하고 분개한 소비자들이 단체로 몰려와 항의하는 소동이 발생했다. 이 소식을 접한 버그만은 비서 번즈를 보내 분개한 소비자들을 정중하게 사장실로 모셔오라고 했다.

소비자들이 금방 전투라도 벌일 기세로 사장실로 들어서자, 버그만은 자리에서 벌떡 일어나 자기 책상에서 걸어 나와 한 사람 한 사람 앞에서 정중하게 악수를 하고 명함을 건네주며 자신을 소개했다. 상대방의 이름도 일일이 물어보았다. 그리고 모두에게 의자를 권한 다음 자신은 마지막으로 책상 귀퉁이에 비스듬히 기대앉았다.

그는 한 손으로는 책상을 짚고 다른 한 손은 무릎에 올려놓은 채 심각한 표정을 지으면서 항의 소비자들과 일일이 시선을 교환했다. 이윽고 버그만은 상의를 벗어 의자에 걸치며 친근감이 담긴, 그러면서도 강경한 어조로 말을 시작했다.

"여러분은 지금 저희 회사 전 제품을 보다 우수한 제품으로 개량시킬 아이디어를 제공하기 위해 오셨습니다. 먼저 심심한 감사의 말씀을 드리겠습니다. 자, 이제 토론을 시작해 볼까요?"

버그만의 태도, 말하는 방법, 상황 이용 등은 실로 멋진 기술의 구사였으며 유능한 비즈니스맨다운 면모를 보여준 사례이다. 그리고 소비자를 중요시한다는 이 회사의 개념과도 일치하고 있다.

그의 태도는 지극히 개방적이었고, 모든 상황을 회사 선전에 이용할 줄 알았으며, 문제가 발생해도 상황 대처에 민감한 회사라는 걸 반영하고 있다.

그는 분노한 소비자들을 비서를 시켜 정중하게 사장실로 모셔왔고, 일일이 악수를 하며 인사를 나눔으로써 화를 가라앉힐 시간을 주었으며, 각자의 이름을 묻고 자신의 명함을 건네줌으로써 상대방에게 우월감을 갖게 하는 등으로 자신의 지위를 교묘히 이용하여 성난 군중을 얌전하게 만들었다.

그는 소비자를 중시한다는 개념을 강조하여 소비자의 아이디어를 공짜로 얻을 수 있었고, 회사 선전에 유리하게 이용한 것이다.

자세히 살펴보면 실제로 버그만은 아무것도 양보한 것이 없다. 일단 소비자들의 항의를 모두 수렴해 주는 것처럼 보이지만 단도직입적으로 토론을 시작하지 않고 한 사람 한 사람과 시선을 교환함으로써 자신의 위치를 부각시켰고, 경의를 표하게 만들었다. 소비자가 몰려왔다는 것 자체가 제품에 문제가 있는 것임에도 문제점이란 말을 개량이란 단어로 대체시킴으로써 자기 회사를 변호했고, 실제 사용해 본 소비자의 아이디어를 통해 해결책을 모색하는 등으로 모든 것을 자신에게 유리하게 끌고나간 것이다.

▶ 시각적 영상이 떠오르도록 구체적이고 명확하게 묘사해야 대화의 목적을 효과적으로 달성할 수 있다.

10
자기만 옳다고 하지 마라

앞에서 말한 버그만은 신체, 음성, 언어의 세 가지 정보 채널을 유효 적절하게 사용한 표본이다. 그는 무엇을 말하면 좋은가, 어떻게 말해야 좋은 인상을 얻을 수 있을 것인가에 대해 잘 알고 있는 대표적인 비즈니스맨이다.

첫인상을 좋게 만드는 데는 언어와 그 사용 방법의 균형을 맞추는 것이 무엇보다 중요하다. 만약 채널 하나라도 빗나가면 메시지 전달과정은 어긋나 버린다. 즉 상대방은 '당신이 말하고자 하는 것'과 '당신이 말하는 것' 중 어느 것을 믿어야 할지 망설이게 되고, 여기서 혼란이 야기된다.

로버트 로센탈과 벨라디 파울로의 연구에 의하면, 대부분의 사람은 상대방이 말하고자 하는 내용보다는 몸짓이나 표정 등과 같은 보디랭귀지나 말씨 등에 더 주의를 기울인다고 한다. 이것만 봐도 말보다는 동작이 훨씬 웅변력이 있다고 볼 수 있다.

인간은 스스로 믿고자 하는 것만 믿으려는 경향이 있다. 즉 남이 뭐라고 하든 자신의 눈으로 보고 자신의 귀로 들은 것만 믿으려 한다는 뜻이다.

여기서 예를 들어 언어와 동작의 조화가 얼마나 중요한지 알아보자.

순탄하게 출세가도를 달리는 한 관리직 남성은 자신을 미워하고 불신하는 사람이 있음을 알고 그 사람들 때문에 승진에 지장이 있지 않을까 무척 조바심하고 있었다.

그는 다른 사람들도 자신과 마찬가지로 회사를 위해 열심히 노력하고 실적을 향상시키면 승진할 수 있을 텐데 괜히 자신을 질투한다며, 어떻게 해결해야 좋을지 묘안을 알려달라고 상담실을 방문했다.

이 남자는 상담실에 처음 들어왔을 때 만면에 웃음을 머금고 성큼성큼 다가와 자기 의자를 상담자의 책상 바로 옆에 당겨 앉았다. 그는 즉석에서 상담자의 성을 친한 친구처럼 부르면서 상담자의 어깨를 두들기며 친근감을 표했다. 그리고 상담에 임하면서 팀워크나 타인의 기분을 중시해야 하고 부하와의 대화가 중요하다는 등의 얘기를 늘어놓았다.

상담자는 그의 말과 행동이 무척이나 다르다는 것을 느꼈고, 그가 과연 자신이 생각하는 바대로 행동하는지에 대해 한 번이라도 생각해 본 적이 있을까 하는 의문을 품었다. 그는 모든 사람의 개인적 영역을 존중해 줘야 한다고 주장하면서도 상대방의 기분 따윈 전혀 고려하지 않고 서슴없이 행동했으며, 부하들과의 대화를 중시한다고 하면서도 일방적인 지시를 내리기를 좋아하는 듯했다.

그는 지극히 독단적이고 제멋대로 행동했음에도 불구하고 그는 자신이 가장 합리적이고 이성적으로 행동하고 있는 것으로 알고 있었다.

부하가 뭐라고 했을 때 상사로서 비위에 맞지 않으면 표정을 굳히고 위압적인 태도를 짓는 관리직의 구태의연하고도 무신경한 자세를, 물론 본인은 그런 태도가 상대방에게 얼마나 나쁜 영향을 미치는지 전혀 깨닫지 못하고 있었다. 그러면서도 자신은 할 만큼 했는데 왜 미워하는지 모르겠다면서 부하를 원망하고 있었다.

'크리에이티브 리더십 센터'라는 비영리 연구교육기관의 조사에 의하면 출세에 장애를 받고 있는 남자(여자에 대해서는 조사하지 않았음)에게는 '남의 약점을 자극하거나 타인에 대한 무신경한 태도'가 승진에서 탈락된 가장 큰 원인으로 작용했다고 한다.

말하자면 아무리 능력을 인정받아도 대인관계가 좋지 못하면 평점이 낮아지고 조직에서 소외당한다는 뜻이다.

인간은 상대적이다. 좋은 감정을 표현하면 상대방도 호의를 표시해 온다. 하지만 무시하는 태도나 좋지 못한 인상을 심어놓으면 상대방은 모든 면에서 당신을 거부하고 억압하려는 태도를 취한다.

대화의 통로는 상대방의 통로와 합치되어 진행될 때만 원활하게 이루어지며, 일방적인 대화의 통로를 고집하면 대화의 내용은 극을 향해 치닫게 되어 전혀 다른 결과를 낳게 된다.

이러한 사실을 명심하여 상대방 입장에서의 대화 통로를 파악하는 데 전념토록 하자.

▶ 자기 자신의 이야기에만 열을 올리지 마라. 상대방에게 거부감이나 지루함을 주게 된다.

조화로운 대화로 상대의 마음을 얻어라

무엇을 말할 것인가와 그것을 말하는 방법이 일치되지 않으면 원활한 대화가 이루어지지 않는다. 신뢰란 원활한 대화의 결과로서 산출되는 당신에 대한 믿음으로, 대화의 조화 없이는 생성되지 않는다.

조화를 이룬 대화는 그 무엇보다도 강력한 힘을 지닌다. 예를 들어 동일 내용의 메시지가 두 개 이상의 통로를 경유하면 전하고자 하는 내용을 보다 강조할 수 있게 된다.

신입사원에게 우리 회사에 입사해 주어 고맙다는 인사말을 할 때 말로써 표현하는 것 이외에 눈에 기쁜 빛을 가득 담는다든가 표정을 밝게 하는 등의 표현 방법을 추가로 곁들이면 진심으로 기뻐한다는 뜻이 전달되어 신뢰감을 느끼게 된다. 입으로만 강조하고 표정이 내용과 일치되지 않으면 알맹이 없는 대화가 되어 '쇠귀에 경 읽기 식'의 일방적인 대화로 전락하고 만다.

상대방이 부하이든, 상사이든, 혹은 거래처이든 간에 호의적인 보디랭귀지를 최대한 구사하는 기술이 필요하다.

조화로운 대화의 위력은 당신 자신의 말솜씨 이상의 위력을 발휘한다. 외모, 목소리, 언어 등 언어적 및 비언어적인 특징이 그 사람의 됨됨이나 기분 등에 어떻게 반영되는지를 인식할 수 있다면 상대방이 적인지, 아군인지를 가려내는 귀중한 무기를 손에 넣은 것이나 다름없다. 상대방의 마음을 읽어낼 수 있다는 것은 유리한 위치를 획득한 것이나 마찬가지이므로 결과를 내 뜻대로 조종할 수 있게 되는 것이다.

조화로운 대화로써 좋은 첫인상을 심어주면 좋은 인간관계 확립에도 도움이 되지만, 실리적인 면에서도 상당한 이득이 있다.

회사 제품에 불만을 품은 소비자를 무시했다거나 고객 앞에서 상사가 부하를 꾸짖는 장면을 연출했을 경우 그 파급 효과는 상상 이상으로 위력을 발휘한다.

1983년 다이렉트 세일링 파운데이션의 연구 결과에 의하면, 자사에 호의를 가진 소비자 한 사람을 획득할 적마다 5배의 추가 비용이 가중된다고 했다. 그런데 만약 자사에 비호의적인 혹은 불만을 가진 소비자 한 명을 만들면 그 사람은 적극적으로 10명의 소비자에게 자신의 체험을 들려주어 삽시간에 적이 10으로 불어나고, 이 10명은 다시 각자 10명씩의 주위 사람에게 전달하여 불만이 소리 없이 점차 확산되어 간다.

▶ 좋은 인상을 만들어내는 것도 중요하지만 더 중요한 것은 좋지 않은 인상이 심어지지 않도록 하는 것이다.

12
상대방의 말에 귀 기울여라

뉴욕의 어느 은행에서 발생했던 실패담이다. 서비스 업계에서 첫인상이 얼마나 중요한지를 인식하지 못한 경영진이 합리적인 경영방침을 연구한 결과, 5천 달러 이상의 금전을 출납할 경우만 출납창구를 이용케 하고 그 이하의 금액은 자동인출기를 설치하여 이용케 함으로써 인건비를 줄이려는 기막힌 방법을 고안했다.

그런데 날이 갈수록 은행의 예금액이 격감하여 그 원인을 조사해 봤더니, 기계를 상대해야 하는 고객들이 한결같이 불만을 토로하며 다른 은행으로 계좌를 옮기고 있었다. 그들의 말은 이러했다. 기계는 입력된 내용만 취급할 뿐 들을 수도 말할 수도 없으므로 손님들의 요구사항을 들어주지 못한다는 것이었다. 은행 측에서는 즉시 자동인출기를 철폐하고 창구를 늘렸지만 회복하기까지에는 상당한 시간이 걸렸다고 한다.

남의 말을 잘 들어주는 것은 좋은 첫인상을 만드는 최종적인 요소이다. 말을 들어줌으로써 대화가 시작되고 대화가 지속적으로 이루어진다. 대화에는 반드시 두 사람 이상의 인간이 필요하다는 사실을 잊지 말기 바란다.

상대방이 내 말을 잘 들어주지 않으면 그 사람에게 물건을 팔수도, 업무를 의뢰할 수도 없다.

외견에서 좋은 인상을 풍기고 목소리도 달콤하고 상황에 적합한 단어를 골라 멋지게 구사한다 해도, 자기가 말하는 데만 열성적이고 상대방의 말을 잘 들어주지 않는다면 어느 순간 대화는 단절되어 버린다. 조화로운 대화를 가능케 하려면 잘 듣는 것과 잘 말하는 것, 이 두 가지가 어우러져야 한다.

지위가 높아질수록 하루 일과 중 남의 말을 듣는 데 소비하는 시간이 증가한다. 뿐만 아니라 메시지의 종류에 따라 듣는 태도도 달리 해야 하는 고충이 뒤따른다.

누구든지 요령을 익히고 연습만 하면 남의 말을 잘 들어주는 사람이 될 수 있다. 이것만 익히면 대화는 시냇물 흘러가듯 원활하게 이루어진다는 것도 알게 될 것이다.

누군가를 처음 대한다는 건 분명 부담스런 일이다. 차라리 문장으로 써내라면 고도로 세련된 단어를 구사하여 자신의 마음을 분명하게 표현할 수 있지만, 사람을 직접 대면한 상태에서 마음을 표현하기란 생각만큼 쉽지 않다.

나 자신은 남의 눈에 어떻게 비칠까? 어느 정도의 빠르기로 말하면 좋을까? 얼굴 표정은 어떻게 지어보여야 할까 등을 생각하면 불안하기 그지없다.

말하는 방법이나 단어의 선택보다 중요한 것은 몸짓, 표정 같은 보디랭귀지이다. 인터뷰나 실력 평가, 입사 면접, 상담 등의 모든 만남에 있어서 승부를 유리하게 이끌기 위해 나름대로 독특한 보디랭귀지를 고안해 두어야 한다.

보디랭귀지를 무시한 채 대화 내용에만 충실해 봤자, 모처럼의 노력이 허사로 돌아갈 가능성도 없지 않다. 중요한 만남일수록 보디랭귀지에 대한 인식을 높여야 한다.

인간은 갖가지 독특한 대화 통로 순서를 밟아 실천하고자 하는 행위를 선택하여 행동으로 표현하고 있다.

인간은 말로써 표현하지 않아도 서로 대화를 주고받을 수 있다. 또한 눈짓, 손짓, 얼굴 표정 하나만으로 현재의 심정을 충분히 상대방에게 전달할 수 있다.

로버트 루이스 스티븐슨이 말했듯이 '자기다움을 잃지 않고 변화의 가능성을 탐색하는 것, 그것이 바로 올바른 인생을 살아가는 지혜이다.'라는 말을 명심해 주길 바란다.

▶ 대화의 통로는 상대방의 통로와 합치되어 진행될 때 원활하게 이루어지며, 일방적인 대화의 통로를 고집하면 극을 치닫게 된다.

13
희망과 용기를 주는 사람이 유능한 리더다

① **용기를 가져라**

리더는 용기와 지식과 경험에서 나오는 것이다. 자신감과 용기가 결여된 리더에게 지배당하고 싶어 하는 사람은 아무도 없다.

② **자기 통제력을 가져라**

스스로를 조절하지 못하는 사람이 남을 조절할 리 없다.

③ **정의감에 불타라**

공평한 마음과 정의감 없이 타인의 존경을 받는 것은 불가능하다.

④ **결단력을 가져라**

우유부단은 자신감이 없다는 증거이다. 결단력 없이 언제나 갈피를 잡지 못하고 있는 리더에게 자신을 맡길 사람은 없을 것이다.

⑤ **계획성을 가져라**

성공한 리더는 일을 계획하고, 그 계획을 반드시 실행한다.

⑥ **봉사하는 습관을 몸에 익혀라**

리더로서 절대적인 조건은 부하를 충분히 배려해 주는 마음이다.

⑦ **쾌활한 성격을 가져라**

리더는 항상 쾌활해야 한다. 그래야 직원들도 명랑하고 즐겁게 일할 수 있다.

⑧ 자상해져라

리더는 부하를 이해할 뿐 아니라 그들의 고민도 이해하고 공감할 수 있을 정도로 자상해야 한다.

⑨ 전체적인 것을 파악해라

리더는 그 조직 혹은 단체, 상황에 관한 모든 것을 파악하고 있어야 한다.

⑩ 책임을 져라

리더는 자신의 실패는 물론이고 부하의 실패에 대해서도 책임을 져야 한다.

⑪ 협력 체제로 이끌어라

리더는 협력 체제 아래에서 일이 되도록 해야 한다. 리더에게는 권력이 필요하고, 권력에는 협력이 필요하다.

상대방에게 호감을 주는 대화법

현대는 대화의 시대, 설득의 시대이다.

대화란 그대로 '나'와 '상대'가 서로 주고받는 말이다. 혼자서 떠드는 것은 독백이거나 설교, 강의이다.

그런데도 사람들은 일방적으로 자기 말만 하려고 한다. 이것이 대화의 문제점이다.

그렇다면 보다 효과적인 대화의 방법은 무엇일까? 상대방을 기분 좋게 해주는 대화법을 소개한다.

① 1분 이내로 자기의 말을 끝내라

현대인은 타인의 장광설을 싫어한다. 따라서 상대의 말을 이끌어내기 위해서 1분 이내로 간단히 말하는 것이 좋다.

② 2분 이상 상대가 말하게 하라

반대로 사람은 누구나 자기 말을 많이 하려고 한다. 상대가 말을 많이 하도록 2분 이상 기회를 주도록 해라.

③ 3분 이상 긍정의 맞장구를 쳐라

상대의 말에 긍정의 맞장구를 쳐주면 상대의 기분은 썩 좋아지기 마련이다. 그렇게 되면 그는 당신에게 호감을 갖게 된다. 결국 이익은 말을 아낀 당신에게 돌아가게 되는 것이다.

▶ 스스로를 조절하지 못하는 사람이 남을 조절할 리 없으며, 우유부단한 리더에게 자신을 맡길 사람도 없을 것이다.

14
자기 자신을 컨트롤해라

상대의 이름과 얼굴을 오래 기억하는 법

상대의 이름과 얼굴을 빨리, 오래 기억하는 사람이 출세한다.

다음 10가지 공식을 이용해 보라.

1. 초면인 사람의 이름을 들으면 곧 그것을 자기 입속에서 다시 되풀이해 본다.

그 인물에 흥미를 가지고, 다시 만날 것을 기대한다. 이 사람을 잊으면 후에 대단히 난처한 일이 닥쳐올 것이라고 생각하고, 결코 그 이름과 얼굴을 잊지 않겠다고 결심한다.

그리고 이러한 일을 곤란한 것이라고 생각하지 않아야 한다.

2. 한 번 기억한 사람의 이름을 기회 있을 때마다 되풀이하여 써본다. 애매하게 하지 말고 명료하고 정확하게 적어본다.

3. 그 사람과 대면하면 똑똑한 발음으로 그 사람의 이름을 부른다. 이야기하면서도 몇 번이고 그 이름을 부르고, 헤어질 때 다시 한 번 그 이름을 부른다.

4. 이름을 부를 때, 그 사람의 얼굴을 똑바로 들여다본다. 그리하여 그 특징을 기억한다. 부분적인 특징과 동시에 전체적인 인상을 머릿속에 새겨 넣도록 하는 것이 중요하다.

5. 어떠한 장소에서든지 그 사람을 만나면 곧 그의 이름을 부른다. 혹은 신문 같은 데에서 그 사람의 사진을 보게 되면 꼭 그의 이름을 외워본다.

이렇게 하면 그 사람의 이름을 똑바로 기억하게 될 것이며, 결코 잊어버리는 일은 없을 것이다.

6. 연습하는 방법

사람들이 많이 모이는 곳에 가서 알지 못하는 사람들과 접촉한다. 그리고 초면의 사람에게 이상과 같은 방법을 시험해 본다. 이름을 가르쳐주지 않고 소개받으면 일부러라도 그 이름을 물어보도록 한다.

그 이름을 정확하게 부를 경우, 상대편도 결코 나쁜 기분을 갖지 않을 것이다.

이 연습을 시험 삼아 가벼운 기분으로 실행해 봐라. 서너 명을 알게 되면 일단 그 사람들로부터 떨어져서 그 서너 명의 이름과 얼굴을 서로 맞춰본 다음 몇 번이고 그 이름을 되풀이해서 불러본다.

생각이 나지 않으면 또다시 그곳에 가서 그 이름을 정확히 알아본다. 그러면 이번에는 확실하게 그 이름이 머릿속에 새겨질 것이다.

7. 자리에 누워 잠들기 전에, 그날 만난 사람들의 이름을 적어본다. 그리고 그 이름 밑에 만났던 장소, 이야기한 요점, 복장 등에 대해서 기입해 둔다.

8. 자기가 살고 있는 동네 사람들의 이름을 외워본다. 혹은 자기가

자주 가는 상점의 점원 이름을 떠올려본다.

이러한 방식으로 새로운 이름과 얼굴을 찾아서 얼굴과 이름이 마치 화물과 거기 달린 꼬리표 모양으로 정확하게 자기 기억에 새겨지도록 한다.

9. 일주일 동안에 만난 새로운 이름과 얼굴을 될 수 있는 대로 많이 써본다. 그 주일의 마지막 날에는 씌어진 그 표를 다시 보고서 자기가 얼마만큼이나 그 표에 있는 인물에 대해 기억했는지, 그 사람과 만났을 때의 느낌은 어떠했으며 무슨 이야기를 했는지를 생각해 본다.

일주일 동안에 50명의 이름과 얼굴을 기억할 수 있다면 그 기억력은 상당한 것이라고 할 수 있다.

10. '얼굴은 생각나지만 이름은 그만 잊어버려서……'라고 단념해 버리는 것은 좋지 못한 버릇이다.

사람의 이름과 얼굴, 그 사람과 만났을 때의 용건과 장소 등을 기억한다는 것은 자기의 재능을 효과적으로 나타내는 데 매우 중요한 도움이 되는 것이다.

남을 비난하는 버릇을 고치는 법

자기보다 못한 사람을 비웃고 경멸하면 결국 스스로가 고독해진다. 남을 비난하는 버릇을 고치기 위해서는 다음 사항을 실천해 보자.

1. 누군가를 처음 대하면 곧 좋은 사람, 싫은 사람으로 정해 버리는 경향이 사람들에게는 있다. 그러나 초면에 싫다고 느꼈어도 사귀어보면 친해질 수 있는 사람일지도 모른다. 이런 긍정적인 생각으로 사람

을 대해라.

2. 비판적인 버릇을 고쳐라. 그렇지 않으면 사람과 전혀 접촉이 없는 일을 할 수밖에 없다. '얄미운 사람'이라고 불리면 어딜 가나 그 사람은 자기 재능에 알맞은 자리를 찾지 못한다는 것을 각오해야 된다.

욕설을 퍼붓고, 자기만 잘난 체하는 사람은 어디서나 그 이상으로 손해를 보고 있는 것이다.

3. 앞으로 일주일 동안 누구에 대해서도 비판적인 말을 하지 않겠다고 결심하고, 이것을 지켜봐라.

4. 타인에 대한 비판적 태도를 없애려면 다음과 같이 해보는 것도 하나의 방법이다.

타인의 행위를 주의해서 봐라. 그리고 한 가지 결점이 보이면 그 사람의 두 가지 장점을 찾아봐라.

버스나 전철 속에서 또는 극장이나 운동장처럼 사람이 많이 모이는 곳에서 사람들이 보여주는 갖가지 작은 친절에 주목해라.

자기가 가장 악평을 한 사람들의 이름을 적어놓고, 이러한 사람들의 단점과 장점을 찾아봐라. 자기의 비평이 잘못이었다는 것을 알 때까지 찾아봐라. 다섯이나 여섯의 단점과 장점을 알아내지 못한다면, 그것은 당신의 눈이 미치지 못한 까닭이다.

5. 좋은 사람이건 싫은 사람이건 상대를 신뢰할 줄 아는 사람이 되라. 싫은 사람에게도 될 수 있는 한 상냥하게 대해 줄 마음이 없으면, 당신이야말로 사람들에게 신뢰할 수 없는 사람이라고 비난받을 것이다.

이러한 수양을 할 경우 '뼈 없는 호인물'이 될 위험은 없는 걸까?

그러나 절대 그렇지 않다. 남을 날카롭게 비판하는 버릇에 젖은 사람에겐 이런 정도의 수양을 해야만 사람들과 잘 어울리는 성격으로 변화해 균형이 잡힌다.

접대할 때 지켜야 할 법칙

① **약속 시간은 꼭 지켜라**

접대를 위한 약속 시간은 무슨 일이 있어도 지켜라.

어쩔 수 없이 연기하거나 취소할 경우에는 적어도 약속 시간 1시간 전까지 연락하도록 한다.

만약 상대방이 이미 출발한 후라면 무슨 방법으로라도 약속 시간 전에 전갈이 가도록 한다.

지각했을 때는 길게 변명하지 않는 것이 좋다.

② **상대방의 입장이 되어 말해라**

인신공격이나 신체적 결함에 관한 농담 등은 피하고, 실수했을 경우에는 반드시 그 자리에서 사과한다.

③ **상대방의 실수에 관대해져라**

접대를 할 때는 상대방에게 무안을 주지 않는 것이 원칙이다.

손님이 실수했을 경우엔 그것을 재빠르게, 아무렇지 않은 듯 받아들이는 배려가 필요하다.

④ **접대를 조건으로 그 어떤 것도 요구하지 마라**

접대의 조건으로 상대방으로부터 무엇인가를 받아내려고 하는 것은 어리석은 일이다. 이러한 접대는 결코 성공할 수 없다.

⑤ 접대 후 상대방의 허점을 이용하지 마라

접대를 해놓고 그것을 조건으로, 혹은 거기에서 오고 간 대화들을 약점으로 삼아 이용하는 것은 비겁한 일이다.

자기 자신을 컨트롤하는 법

① 마음의 문을 열어라

내 것은 옳고 상대방의 것은 그르다는 생각을 버려라.

마음의 문을 열어야 교류가 된다.

② 자기의 개조 능력을 믿어라

하면 된다.

자신이란 남이 가르쳐서 생기는 것이 아니라 스스로 행동함으로써 얻어진다.

③ 한 번에 한 가지씩 해라

많은 단점이 있어도 단번에 모든 것을 바꾸려고 해서는 안 된다. 한 번에 한 가지씩 하는 인내심을 기르는 것이 필요하다.

④ 독서를 생활화해라

자기 개조, 자기완성에 대한 많은 책들이 있다.

그 책들은 든든한 후원자가 되고 인도자가 될 것이다.

⑤ 자기에게 암시를 하라

긴장을 풀고 매일 15분씩 명상을 해라. 그 속에서 자신이 변화되어 가고 있다는 것을 암시해라.

⑥ 자기를 분석해라

자기 자신을 통찰하면서 하나하나 원인을 찾아내라.

그리고 버릴 것은 미련 없이 버려라.

⑦ **역할 연기를 해봐라**

자기 인생의 배역을 만들고 원하는 타입의 인물을 그린 다음 대사까지 만들어 봐라.

혼자 하는 것이 힘들면 상사·동료·가족 모두를 상대역으로 설정할 수 있다. 내가 맡은 역할에 충실할 때 그 역할의 주인공과 같은 인물로 변화되어 가는 것이다.

성공하려면 성공한 사람처럼 행동한다는 것이 그래서 중요하다.

▶ 상대의 이름과 얼굴을 빨리, 오래 기억하는 사람이 출세한다. 특징을 연상하며 기억하는 것도 한 방법이다.

▶ 자기보다 못한 사람을 비웃고 경멸하면 결국 스스로가 고독해진다. 남을 비난하는 버릇을 고치기 위해서는 이 항목을 잘 활용해 봐라.

▶ 접대의 조건으로 상대방으로부터 무엇인가를 받아내려고 하는 것은 어리석은 일이다.

▶ 내 것은 옳고 상대방의 것은 그르다는 생각을 버려라. 마음의 문을 열면 교류가 된다.

5장

말을 잘하는 기본 원리

대화를 잘하는 기초 상식

대화의 목적은 자신의 입장을 적절하고 효과적으로 피력하여 원만한 인간관계를 이루는 것이다. 그러기 위해서는 대화에 호소력과 설득력이 있어야 한다.

본 장에서는 이러한 대화를 잘하는 요령에 대해 설명하기로 한다.

1. 이야기를 꺼내는 방법

일반적으로 대화를 할 때 능률을 올리기 위해서는 어떤 목적이나 특정한 화제로 들어가기 전에 간단한 인사말이나 자기소개를 하는 것이 좋다.

잘 모르는 상대방과의 대화할 때는 서두를 어떻게 꺼내야 할 것인지 더욱 망설여진다.

그러한 경우 다음의 화제를 서두에 꺼내면 무난하다.

첫째, 날씨나 기후에 관한 이야기.

둘째, 취미나 기호 등에 관한 이야기.

셋째, 시사성 있는 이야기.

넷째, 일이나 직업에 관한 이야기.

다섯째, 가족이나 친구, 친척 등 사람에 관한 이야기.

여섯째, 건강이나 질병, 의약, 치료법 등에 관한 이야기.

2. 화제 선택의 요령

화제는 말하는 사람이나 듣는 사람 모두에게 적합한 목적이 있는 것이어야 한다.

따라서 화제를 선택할 때는 사회적 관심도가 높거나 친밀감이 있는 것, 구체적이고 알기 쉬운 것, 상대방의 요구와 필요에 적절한 것이어야 한다.

이러한 화제를 선택하는 요령은 다음과 같다.

① 목적에 맞는 화제를 선택해라

아무리 좋은 내용의 화제라도 목적에 맞지 않는 것은 유용성이 없다.

화제 선택 시 가장 중요한 것은 목적에 맞는 화제인가 하는 점이다.

② 구체적으로 말해라

화제는 시각적 영상이 떠오르도록 구체적이고 명확하게 묘사해야 대화의 목적을 효과적으로 달성할 수 있다.

추상적이고 애매모호한 화제는 상대방에게 관심을 끌지 못할 뿐더러 분명한 대답을 기대하기 힘들다.

③ 생활과 밀접한 관계가 있는 이야기를 화제로 삼아라

일상생활에서 항상 듣고 보는 이야기나 현실 생활과 밀접한 관련이 있는 이야기를 화제로 삼아야 상대가 관심을 갖고 친밀감을 느낀다.

④ 시사성 있는 문제

진부하거나 구태의연한 이야기는 지루하고 흥미가 없다. 누구나 새로운 문제, 새로운 변화에 대해서는 관심과 흥미를 갖게 마련이다.

⑤ 경험에 관한 이야기

자신의 경험을 화제로 삼으면 듣는 사람에게 신뢰와 관심을 유발시키고, 말하는 사람은 자신 있게 말할 수 있다.

⑥ 스릴(thrill)이 있는 화제

사람은 누구나 평범하고 일상적인 화제보다는 돌발적이고 아슬아슬한 변화와 손에 땀을 쥐게 하는 모험에 관심과 흥미를 가진다.

⑦ 실현가능한 화제

화제의 선택에 있어서 실현성은 대단히 중요하다. 허황된 공상이나 현실 생활과 거리가 먼 발상은 아무리 좋은 아이디어라도 상대의 관심을 끌지 못한다. 효과적으로 대화를 성공시키려면 비록 쉽지는 않더라도 노력하면 반드시 실현될 수 있는 것을 화제로 선택해야 한다.

⑧ 욕망에 호소하는 화제

상대방의 욕망이 무엇인가를 잘 분석하여 그것에 화제의 초점을 맞춘다면 큰 효과를 얻을 수 있다.

인간은 욕망을 충족시키기 위해 노력하는 존재이다. 이러한 인간행동의 원동력인 욕망에 호소하는 화제를 선택하면 쉽게 목적을 달성할 수 있다.

3. 대화에 있어서 주의해야 할 사항

① 음식점이나 식탁에서 불쾌하거나 불결한 이야기를 하지 마라.

② 음식을 앞에 두고 맛에 대한 불평을 하지 마라.

③ 공적인 모임에서는 개인적이거나 사사로운 화제를 꺼내지 마라.

④ 자기 자신의 이야기에만 열을 올리지 마라.

듣는 이로 하여금 거부감을 갖게 하거나 지루한 느낌을 준다.

⑤ 윗사람과 대화를 할 때는 설교나 교훈적인 이야기는 하지 마라.

⑥ 때와 장소에 어울리지 않는 화제를 삼가라.

⑦ 당사자 이외에 다른 사람이 함께한 자리에서는 상대방을 꾸짖거나 화내지 마라.

4. 대화의 원리

의사를 효과적으로 표현하는 데 어떤 원리나 법칙이 있을까?

다음 몇 가지 사항을 터득하고 실천하면 당신도 세련되고 훌륭하게 말할 수 있는 방법을 터득할 것이다.

① 중요한 부분은 억양을 강하게 해라

표현이 서툰 사람은 말의 억양이나 속도에 변화 없이 단조롭게 지껄이거나 처음부터 끝까지 강한 억양으로 소리를 지른다.

전자는 지루한 느낌을 주고, 후자는 과장되어 부담을 준다.

② 의미를 생각해서 붙이거나 떼어서 말해라

의미상으로 한 어구의 말은 붙여서 말하는 것이 좋다. 호흡에 맞추어서 띄어서 말할 때는 의미 전달을 고려해야 한다.

③ 내용에 따라 목소리에 감정을 담아라

단순히 목소리만을 내지 말고, 말하려는 내용을 상상하면서 감정이 깃든 목소리로 성의를 가지고 말해라.

④ 거리에 따라 음성의 크기를 조절해라

회화에 있어서 원근법이 입체적 표현의 시각적 효과를 나타내는 것처럼 대화에 있어서도 목소리를 조절할 필요가 있다.

▶ 화제는 시각적 영상이 떠오르도록 구체적이고 명확하게 묘사해야 대화의 목적을 효과적으로 달성할 수 있다.

▶ 상대의 욕망이 무엇인지를 파악하여 화제를 선택해라. 그리고 실현 가능성이 있는 대화를 해라.

▶ 자기 자신의 이야기에만 열을 올리지 마라. 상대방에게 거부감이나 지루함을 주게 된다.

▶ 말의 억양이나 속도에 변화가 없으면 지루한 느낌을 주고, 너무 강한 어투는 부담을 준다.

2
상대방을 설득하기 위한 대화법

복잡한 인간관계를 조화 있게 융화시켜 나가는 설득의 자세는 사귐에 있어서 필수적인 것이다.

상대를 자기가 의도한 대로 설득하고 유도할 수 있는 사람은 성공할 수 있는 지혜를 가졌다고 할 수 있다.

그러면 설득과 유도를 지혜롭게 할 수 있는 방법은 무엇인가?

1. 친근감 있고 부드러운 어조로 말해라.

상대방을 설득함에 있어서 상대에게 상처를 주거나 비난하는 투로 말하지 마라.

꾸짖고 야단치고 싶은 충동이 일더라도 뒷일을 생각하고 고려하여 자제하는 자세가 필요하다.

상대를 정답고 부드러운 말투로 감싸주면서 감정에 호소해라. 그러면 반드시 기대 이상의 효과를 얻을 수 있다.

설령 조직사회에서의 유기적인 질서를 위해 꾸짖고 힐책할 경우가 생기면 섣부른 꾸짖음으로 역효과가 발생할 경우를 고려하여 상대의 마음에 상처가 남지 않도록 배려해라.

2. 진실된 감정에 호소해라.

상대방의 감정에 공감하여 같은 입장이 되어 보는 것이 설득의 기본적 태도이다. 대개는 상대가 이론으로 반박하면 이론으로써 상대를 설득하려고 하는데, 실제적으로는 감정적 이해가 앞서지 않고서는 설득의 효과를 기대하기 어렵다.

대인관계에서 획기적인 성공을 거두지 못한 사람들의 이야기를 종합해 보면 모두들 이론적으로 설득을 폈을 뿐이고, 감정의 교류를 가능케 하기 위해서 상대의 입장이 되어 보거나 상대에게 감사하는 마음을 보인 사람은 매우 드물다.

설득을 위한 대화가 효과를 거두지 못하는 원인은 대부분 상대가 갖고 있는 미묘한 감정의 흐름을 이해하지 못하는 데 있다.

3. 견해가 대립되었을 때는 먼저 자신의 잘못을 시인해라.

서로의 감정이 강하게 대립되었을 경우에는 먼저 자신의 잘못을 인정하는 태도를 보이면서 상대의 감정에 호소하는 것이 가장 좋은 방법이다. 먼저 양보하거나 잘못을 시인하지 않으면서 자기 입장만 신경 쓴다면 설득은 전혀 기대할 수 없다.

설득을 꾀하는 사람이 먼저 상대방의 자존심을 살려주는 것은 긴 안목에서 볼 때 설득을 위한 배려라는 사실을 명심해라.

4. 같은 입장에서 관심을 가지도록 유도해라.

상대를 설득시키려면 우선 상대를 자신의 관심사에 집중시킨 다음 같은 입장에서 관심을 갖도록 유도하는 것이 바람직하다.

상대의 입장과 나의 입장이 동등한 것임을 강조하고, 나의 입장에서 당신을 이해하고 있다는 것을 보여주는 것이 가장 효과적인 설득 테크닉이다. 인간은 이해와 협력의 심리가 작용하게 될 때, 다른 어떤 욕망의 힘보다도 강한 움직임을 드러내는 존재이기 때문이다.

상대에게 자기 헌신의 기회를 줄 수 있도록 솔직하게 협조를 바랄 수 있는 설득자야말로 성공의 지름길을 가는 사람이라고 할 수 있다.

5. 반박할 마음의 여유를 주지 마라.

설득이 꼭 필요해서 대화를 할 경우에는 상대방이 듣기 싫어할 수도 있으므로 고도의 테크닉을 필요로 한다. 이럴 때 상대방은 자기의 입장을 내세워 변명만 하려고 할 것이다. 그러나 상대의 변명을 듣다 보면 설득하고자 하는 자신의 결심이 자꾸만 힘을 잃게 되어 결국은 상대의 변명을 듣는 것으로 대화 자체가 끝나 버릴 수도 있다.

따라서 설득을 필요로 할 때는 상대에게 자기의 입장을 변명할 시간이나 생각할 여유를 주지 말고, 처음부터 끝까지 조리 있는 말로 상대를 휘어잡아서 자기의 페이스 속으로 상대를 끌어들여야 한다.

설득은 짧게, 그러나 상대에게 반박할 여유를 주지 않는 적극적인 표현을 쓰는 것이 바람직하다.

6. 자기자랑을 하게 해라.

설득의 효과를 달성하려면 먼저 상대방에게 충분히 말하도록 한다. 상대방의 이야기 속에 잘못이 있거나 반대하고 싶은 충동이 일어나더라도 우선은 참도록 해라. 그리고 상대에게 자기자랑을 하게 만드는 재치를 발휘할 때 설득을 유리하게 발전시킬 수 있다.

인간은 누구나 상대보다 뛰어나다고 느낄 경우에 자신감이 생겨 우월한 기분에 잠기게 된다. 따라서 이런 순간을 포착하여 설득하면 쉽게 설득의 효과를 이룰 수 있다.

먼저 상대의 우월감을 인정해 주고, 충분히 자기자랑을 하게 만든 다음 설득의 말문을 열면 원하는 결과를 얻는 것이 보다 용이하다.

▶ 설득을 위한 대화가 효과를 거두지 못하는 원인은 대부분 상대가 갖고 있는 미묘한 감정의 흐름을 이해하지 못하는 데 있다.

▶ 설득을 꾀하는 사람이 먼저 상대방의 자존심을 살려주는 것은 긴 안목에서 볼 때 설득을 위한 배려라는 사실을 명심해라.

▶ 설득은 짧게, 그러나 상대에게 반박할 여유를 주지 않는 적극적인 표현을 쓰는 것이 바람직하다.

3
매력적인 대화법

인간은 단순한 의사 표현이나 의사 전달을 위해서만이 아니라, 말을 통해 자신의 내면을 드러내고 원만한 인간관계를 형성하기 위해서 대화를 한다. 대화의 내용이나 방법이 얼마나 빈약한지, 풍부한지, 애매한지, 분명한지, 정리되어 있는지에 따라서 말하는 사람의 인격·실력·사상·감정·인간성 등이 평가된다. 대부분의 사람은 자신의 마음속에 들어 있는 것을 말이라는 것을 통해 표현하기 때문이다.

내용물이 제아무리 알차고 훌륭해도 뚜껑을 열어보지 않고서는 그 진가를 알 수 없듯이, 그 사람이 사용하는 언어는 인간이란 존재의 내면을 판단하는 데 매우 용이한 재료가 된다.

때문에 정확한 어휘 구사, 요령 있는 언어 표현, 사람의 마음을 끌어 당기는 언어의 사용법을 알아야 인간관계를 성공적으로 이끌 수 있다.

1. 화법을 연습해라.

화법에 의해 대인관계의 성패가 갈릴 수도 있고, 또한 그것은 궁극적으로 인생의 성패를 가름하는 중요한 요소가 된다.

그러므로 성공하기 위해서는 말하는 법을 배우고 연습할 필요가 있다.

그리스의 웅변가 데모스테네스가 그 대표적인 예이다. 원래 그의 음성은 거칠고 품위가 없었으며 발음도 불명료했다. 그러나 그는 자기의 결점을 깨닫고 강한 의지와 노력으로 자기의 언어를 개발했고 사람을 감동시키는 웅변술을 터득했다.

그러면 좋은 화법을 구사하기 위해서는 어떻게 해야 하는가?

첫째, 발음을 정확히 해라. 말끝을 얼버무리거나 말마디를 잇달아 발음하지 말고 띄어서 말하는 것을 연습해라.

둘째, 적당한 음성과 억양에 주의해라. 그것은 말의 의미를 상대에 전달하는 데 중요한 관건이 된다.

셋째, 좋은 어휘를 선택해라. 누구나 쉽게 이해하면서도 여러 가지 의미가 함축된 것을 골라 사용하는 것이 바람직하다.

그러기 위해서는 의사소통이 원활한 어휘를 골라야 하며, 이 선택된 어휘에 감정을 실어야 한다.

넷째, 묘사적인 언어를 선택하여 말하는 연습을 해라. 그러면 점차 세련된 화법을 지니게 된다.

2. 숫자의 마력을 이용해라.

대화 속에 삽입되는 수(數)의 마술은 대단한 힘을 지닌다. 하지만 보통 사람들은 숫자에 대한 관념이 희박하여 숫자의 위력을 크게 실감하지 못하고 살아간다. 숫자를 무시할 수 없다는 것은 잠재적으로 인정하면서도 숫자가 생활화되어 있지 못하다는 말이다.

이러한 약점을 최대한 이용하는 것이 대화 중에 숫자를 삽입하여 얻어지는 효과이다.

특히 통계 숫자는 믿을 수도 믿지 않을 수도 없는 마력을 가지고 있다. 그러면서도 사회에서는 숫자로 표시하는 정보를 가장 신뢰하는 경향이 있다.

따라서 대화를 함에 있어서 통계 숫자를 잘 섞어서 활용하면 원만한 대화로 성공시킬 수 있다. 즉 처음에는 이야기 자체에 흥미를 갖게 하고, 그다음에 숫자의 힘으로 신뢰할 수 있게 만드는 것이다.

3. 말의 순서를 뒤바꾸어봐라.

말의 순서를 뒤바꾸면 강한 인상을 얻게 된다.

우리가 일상 사용하는 말도 단어의 순서를 뒤바꾸어놓으면 보편적인 고정관념에서 벗어나 강한 인상을 주게 된다.

말의 순서는 항상 일정하게 고착된 선입감일 수도 있으므로 고정관념에서 탈피하면 새로운 감동을 얻을 수 있는 신선함을 발휘할 수 있다.

4. 시각적 언어를 사용해라.

이야기를 들을 때 동적인 영상을 떠올릴 수 있는 시각적 언어를 대화 속에 많이 포함시키면 강한 이미지를 남긴다.

사람은 언어를 전달하고 받아들이는 데 동작의 보조를 받는다. 내용이 충실하게 전달되느냐 되지 않느냐는 언어를 동작과 얼마만큼 조화시키느냐에 달려 있다.

5. 짧게 말해라.

촌철살인(寸鐵殺人)이라는 말이 있다. 이것은 아주 짤막한 한마디 말로써 사람을 감동시키는 것을 말한다.

대화에 있어서도 무수히 많은 말 중에서 화제에 빗나가지 않고 핵심을 찌르는 짧은 말일수록 강한 인상을 준다.

대개는 한 가지 한 가지를 수식하여 나열해야만 쉽게 이해될 것이라고 여겨 말을 길게 하는 경향이 있다. 그러나 장식이 많고 화려한 것일수록 실제 전달된 말의 내용은 충실하지 못하다.

매우 짧으면서도 정곡을 찌른 말일수록 상대의 마음에 강한 암시를 주고 오래도록 지워지지 않게 하는 효과가 있다.

짧으면서 핵심을 찌를 말을 하는 방법을 배워라.

▶ 누구나 쉽게 이해하면서도 여러 의미가 함축되어 있는 언어를 선택한다. 중요한 것은 이 언어에 감정을 실어야 한다.

▶ 통계 숫자는 믿을 수도 믿지 않을 수도 없는 마력을 가지고 있다. 그러면서도 사회에서는 숫자로 표시하는 정보를 가장 신뢰하는 경향이 있다.

▶ 촌철살인이라는 말이 있다. 이것은 짧은 한마디 말로써 사람을 감동시키는 것을 말한다.

4
세일즈에 있어서의 대화법

세일즈맨에게 있어서의 대화는 상품의 내용 이상으로 영향력을 발휘하여 판매와 직결된다. 때문에 세일즈맨의 대화 방법이 세련되지 못하면 고객의 흥미를 끌지 못하는 것이 당연하다.

그러면 어떤 방법으로 대화를 해야 하는가?

1. 열의와 개성이 있어야 한다.

말이 서툴더라도 이야기에 진실성이 있고 박력이 있으면 구매자의 마음을 끈다. 아무리 세련되고 능숙한 말을 해도 열의가 없으면 인정받지 못한다.

그리고 누구나 세일즈맨이라면 연상할 수 있는 상투적인 이야기는 결코 고객을 사로잡지 못한다. 따라서 독특한 분위기를 풍기며 신선하고 흥미롭게 대화를 전개해 나가야 한다.

2. 질문을 많이 해라.

판매를 권유하기 전에 우선 고객이 마음의 문을 열도록 질문을 많이

해라. 처음부터 물건 판매를 권유하면 고객은 흥미를 느끼기 전에 이질감을 느껴 회피하려 한다.

고객의 구매 심리를 자극하여 구매의 충동을 불러일으키려면 먼저 인간적인 관심으로 고객의 마음을 사로잡아라.

그리하여 상대방의 거부심리를 무산시켜 버리거나 억제해라.

3. 흥미를 팔아라.

상대방에게 즐거움을 주거나 관심을 유발시켜 자연스럽게 상품에 신경을 쓰도록 고객을 유도해라. 흔히 광고나 PR에서 많이 사용하는 방법이다.

기업의 이미지 광고나 내용은 언제든 되풀이하여 들어도 싫증이 나지 않으면서 상품의 이미지나 기업의 이미지가 연상되도록 하고 있지 않은가. 이것은 유머나 위트로써 부드럽게 유도하는 방법을 광고 선전에 응용한, 설득의 한 방법이다.

흥미와 관심을 유발시키는 것, 이것이야말로 고객을 가장 쉽게 끌어 들이는 방법이다.

4. 새롭다는 이미지를 강조해라.

새로운 것은 언제나 주목을 받게 마련이다. 새롭다는 말은 상품에 있어서 가장 중요한 이미지 메이킹이다.

고객들은 새로운 것에 호기심을 보인다. 내용만으로 설득하는 것은 고객의 흥미를 돋우는 데 무리다.

무엇보다 새롭게 탄생했다는 신선감을 부각시켜라. '새로운 기술',

'새로운 맛', '뉴(New) 비즈니스', '새롭고 산뜻한 상품'이란 말들은 모두 고객의 호기심을 일으키기에 충분하다.

5. 필요성을 자극해라.

아무리 값싼 물건이라도 필요하지 않으면 사지 않는다는 것이 기본적 상식이다. 반면에 '꼭 필요한 것'은 누구라도 외면하지 않는다.

유능한 세일즈맨은 고객의 잠재적 '필요 심리'를 발견하고 눈뜨게 하는 사람이다. 어떤 상품이라도 고객에게 필요의 가치가 있다는 것을 주지시키면 관심을 끌 수 있다.

따라서 세일즈맨은 자기가 팔고 있는 상품이 어떠한 효용가치를 지니고 있는지, 그것이 고객에게 어떠한 도움을 주는지를 전문가적 입장에서 상세히 설명하고 필요 심리를 자극할 수 있는 분위기를 조성해야 한다.

▶ 상대방에게 즐거움을 주거나 관심을 유발시켜 자연스럽게 상품에 신경을 쓰도록 고객을 유도해라.

▶ 유능한 세일즈맨은 고객의 잠재적 '필요 심리'를 발견하고 눈뜨게 하는 사람이다. 어떤 상품이라도 고객에게 필요의 가치가 있다는 것을 주지시키면 관심을 끌 수 있다.

5
효과적인 대화법

1. 경쟁 심리를 자극해라.

인간은 경쟁의 욕구가 있고 또 경쟁 심리가 작용하여 승리하고자 하는 집념이 생기는 것이다. 상대의 능력을 신장시키기 위해서는 경쟁 심리를 자극하여 의욕을 불러일으켜라.

2. 감각적인 언어를 사용해라.

대화의 묘미는 자신의 감각을 상대방의 감각에 접촉시켜 전달하는 데 있다. 감각이 풍부한 젊은 층의 사람들이 감성을 자극하는 말에 약하듯이, 감각적 언어를 적절히 구사할 줄 아는 사람은 대화를 성공적으로 이끌 수 있다.

지적인 것보다 감정이 앞서는 것은 인간의 속성이다. 보다 친밀한 관계로 이끌기 위해서는 감각적 언어를 활용하는 것이 효과적이다.

3. 말과 표정을 일치시켜라.

말과 표정을 일치시키면 상대방에게 신뢰와 친근감을 준다. 말에는 진실성이 담겨 있는 것 같아도 표정이 무관심하고 무덤덤하면 상대에게 호감을 줄 수 없다. 대화 속에 진실성이 어느 정도인지를 짐작할 수 있는 척도는 말하는 태도와 표정에 달려 있다.

말과 표정이 다른 상태로 이야기를 하면 상대의 의혹을 살 여지가 있다. 그러므로 자연스런 표정과 몸짓으로 대화의 내용에 어울리는 태도로 상대의 마음을 붙잡아야 한다.

4. 공명심을 자극해라.

상대에게 협조나 동의를 얻고자 하면 상대의 공명심을 자극하여 마음을 사로잡아라. 인간은 명분을 내세운 궤변에는 약하다.

명분은 항상 인간들에게 희망적인 꿈을 갖게 하고 공명심을 자극하여 새로운 체계를 열망하게 만드는 힘을 가지고 있다. 그것은 도전적이고 용기를 필요로 하는 사람에게 강력한 기폭제가 된다.

어떠한 문제라도 그럴듯한 명분을 내세워 상대를 매혹시키면 쉽게 협조를 얻을 수 있다.

5. 긍정의 답을 선택하도록 유도해라.

한 세일즈맨이 상품을 들고 모회사를 방문했다. 그 회사의 사장은 세일즈맨이 열심히 지껄이는 말을 듣는 둥 마는 둥하고 있다가 '그럼 어느 것으로 할까요?' 하는 물음에 얼떨결에 대답을 하고 말았다. 생각에도 없던 상품을 사고 만 것이다.

협력과 동의를 얻기 위해서는 상대방이 거절하지 못하고 선택하도록 유도해라. 상대가 거절할 것이라는 전제를 가지고 묻지 말고, 상대가 협력해 줄 것을 전제로 하는 질문을 해라.

가령 바쁘다는 핑계로 만나기를 거절하는 사람에게는 '시간 좀 내주십시오.'라고 하기보다는 '몇 시에 만나는 게 좋을까요?'라고 묻는 것이 바로 그것이다. 'Yes'냐, 'No'냐를 선택하라고 하여 상대가 도피 심리를 갖지 않게 하라는 말이다.

상대의 협력과 동의를 구하려면 도피할 수 있는, 즉 거절할 수 있는 여지를 최대한 줄여야 한다.

6. 맞장구를 쳐라.

대화를 잘하기 위해서는 상대방이 지닌 정보를 더 많이 얻어내고, 상대방의 의도를 알아내야 한다.

그러기 위해서는 상대가 말문을 열었을 때 자기의 정보를 이쪽의 의도대로 지속적으로 털어놓을 수 있도록 노력해야 한다. 즉 상대가 말을 쉽게 할 수 있도록 맞장구를 치라는 것이다. 그러면 상대방은 이러한 심리적 배려에 감사하며 자기가 하고 싶은 이야기를 다 하게 된다. 상대의 말에 맞장구를 쳐주면 한마디의 말로 백 마디 이상의 효과를 거둘 수 있다.

서로의 인격이 존중되고 있다는 의식의 공감대가 이루어지면, 이야기하기를 꺼리던 상대도 허심탄회하게 자신을 드러낼 것이다.

7. 동류의식(同類意識)을 자극해라.

상대를 설득하는 데는 같은 분야, 같은 지역, 같은 성격 등을 지니고 있다는 동류의식을 강조하면 의외로 효과가 크다.

자기를 이해해 주고 신뢰하는 정도가 높으면 동류의식이 깊어지고 공동체적 입장이 되기 때문에 불신의 마음이 생길 우려가 적어진다.

가족애, 동포애, 조국애 등은 모두 동류의식에서 나온다. 대인관계에 있어서도 마찬가지다. 비록 같은 집단 내의 사람이 아니라는 외형적 전제가 따를 때라도 이와 같은 인상을 상대에게 심어주면, 설득하는 것이 훨씬 용이해진다.

8. 지나친 칭찬은 삼가라.

누구나 자신의 장점을 인정해 주고 추켜 세워주면 행복한 기분에 사로잡히게 된다. 그러나 그 정도가 지나치면 아침이나 아부하는 것같이 들려, 나아가 불안한 기분에 사로잡히게 된다. 그리하여 상대의 진심을 의심하게 된다. 그것은 심리적 불신을 유발한다.

또한 맹목적인 찬사는 상대의 반응과 노력을 고무시키기는커녕 반대로 불쾌하게 만든다. 상대방이 칭찬이나 격려를 인정하고 기분 좋게 받아들일 수 있을 정도로 해라.

▶ '시간 좀 내주십시오.'라기 보다는 '몇 시에 만나는 게 좋을까요?'라고 물어라. 'Yes'냐, 'No'냐를 선택하라고 하여 상대가 도피 심리를 갖지 않게 하라는 말이다.

▶ 어떤 문제라도 그럴듯한 명분을 내세워 상대를 매혹시키면 쉽게 협조를 얻을 수 있다.

▶ 상대를 설득하는 데는 같은 분야, 같은 지역, 같은 성격 등을 지니고 있다는 동류의식을 강조하면 의외로 효과가 크다.

▶ 맹목적인 찬사는 상대의 반응과 노력을 고무시키기는커녕 반대로 불쾌하게 만든다.

6장

상대방을 변화시키는 기본 원리

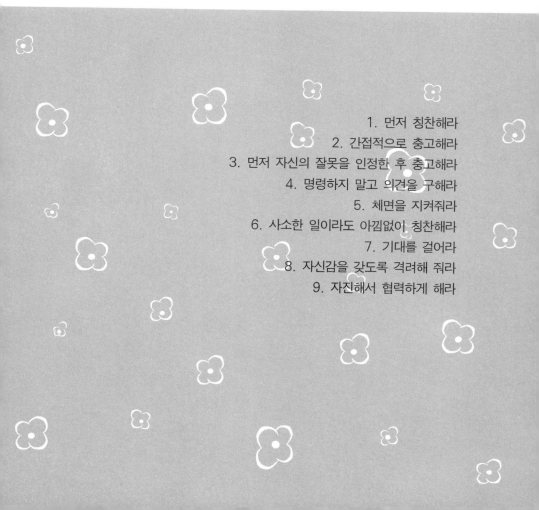

먼저 칭찬해라

우리들은 칭찬을 받은 후에는 잔소리도 크게 아프게 생각하지 않는다. 미국의 맥킨레이가 대통령 선거에 입후보했을 때도 바로 이와 같은 방법을 썼다.

어떤 유명한 공화당원이 선거 연설의 초고를 써서 일대의 명연설이라고 자부하고 의기양양해하며 맥킨레이에게 읽어주었다. 들어보니 잘된 곳도 있었으나 전체적으로는 내용이 쓸모가 없었다. 비난의 화살이 날아오지 않는다고 볼 수 없는 내용이 적지 않았다.

맥킨레이로서는 그 사나이의 자존심을 상하게 하고 싶지 않았으며, 또한 그 열성은 존중해 줄만 했다. 그러나 이 연설에 대해서는 'No'라고 말하지 않으면 안 되는 상황이었다. 그는 이 어려운 일을 자연스럽게 처리해 냈다.

"매우 잘되었습니다. 훌륭한 연설 원고입니다. 아주 훌륭한 연설이 될 것입니다. 이만한 연설의 원고를 쓸 수 있는 사람은 당신 말고는 없다고 생각합니다. 적당한 경우에 사용하면 100% 효과가 있을 것입니다. 그러나 나는 당(黨)의 입장에서 생각해 보지 않으면 안 되기 때문에 — 내 입장에서 다시 한 번 써줄 것을 부탁드리고 싶습니다. 완성된 것을 내게 보내주면 좋겠는데요."

상대방은 아무 거리낌 없이 맥킨레이가 말하는 대로 다시 연설 원고를 써왔다. 그리고 유능한 응원 변사로서 크게 활약했다.

이러한 예는 얼마든지 있다.

.

필라델피아의 워크 건설회사의 고우 씨의 예를 들어보자. 고우 씨는 우리들과 조금도 다르지 않은 보통 시민이다.

워크 회사에서는 어떤 건축공사를 맡아서 지정된 기일까지 완공하려고 공사를 서두르고 있었다. 모든 일이 잘 진행되고 있었으나 준공 직전에 갑자기 건물의 외부 장식에 사용하는 청동세공의 하청업자로부터 사정상 기일 내에 상품을 납품할 수 없게 되었다고 통지가 왔다. 난처한 일이 생긴 것이다. 얼마만한 손해를 입을지 알 수 없는 일이다. 오직 한 사람의 업자 때문에 완공이 좌절되는 순간이었다.

장거리 전화를 걸어서 야단법석을 떨어보았으나 아무래도 신통한 해결책이 보이지 않았다. 그래서 고우 씨가 범굴로 들어가는 역할을 위임받고 뉴욕으로 향했다.

고우 씨는 그 회사의 사장실로 들어가 먼저 다음과 같이 말했다. "브루클린에는 당신과 동성(同姓)을 가진 사람은 한 사람도 없군요." "그렇습니까? 그것은 저도 몰랐습니다만……."

사장이 놀란 표정을 짓는 것을 보고 고우 씨는 설명을 시작했다. "오늘 아침 이곳에 도착한 즉시 당신의 주소를 찾기 위해 전화번호부를 찾아보았습니다. 그런데 브루클린의 전화번호부에는 당신과 동성인 분은 한 사람도 찾아볼 수가 없었습니다."

"지금까지 저는 그것도 모르고 있었습니다."

이렇게 말하고 사장은 열심히 전화 대장을 들여다보았다.

"그렇군요. 희귀한 성이기 때문이죠. 나의 조상은 2백 년 전에 네덜란드에서 이 뉴욕으로 건너왔습니다."

그는 자랑스럽게 자기의 가족과 조상의 얘기를 늘어놓았다. 그 얘기가 끝나자, 고우 씨는 상대방 공장의 규모와 설비를 칭찬했다.

"정말 훌륭한 공장입니다. 잘 정돈되어 있으며, 청동 공장으로서는 일류입니다."

"나는 이 사업에 일생을 걸어왔습니다. 조금은 자만해도 좋다고 생각합니다. 어떻습니까. 공장을 한번 보시지 않겠습니까?"

공장을 견학하면서 고우 씨는 그 시설이나 제도를 칭찬하면서 다른 업자에게서는 볼 수 없는 우수한 시스템이라고 말했다.

그가 진귀한 기계를 보고 감탄하고 있으니까, 사장은 기계를 자기가 발명했다면서 신이 난 표정으로 상당한 시간에 걸쳐 그 기계를 조작해 보였다. 마지막에는 점심도 함께하자고 하며 이끌었다.

그때까지 고우 씨는 용건에 대해서는 한마디도 말하지 않았다.

점심이 끝나자, 사장이 다음과 같이 말했다.

"그럼 지금부터 장사 이야기로 들어가기로 합시다. 물론 당신이 방문한 목적을 충분히 알고 있습니다. 당신과 함께 이처럼 즐거운 이야기를 나누게 되리라고는 예상하지 않았습니다. 주문 물량은 시간을 맞춰서 납품시켜드릴 테니 안심하고 돌아가 주십시오."

고우 씨 쪽에서 이렇게 한마디 부탁도 하지 않았는데도 목적이 완전히 달성된 것이다. 바로 그다음 날 주문한 물건이 약속대로 도착되어 건물은 예정된 시일에 완성되었다.

만약 고우 씨가 누구나 하는 것처럼 강경책을 취했더라면 과연 어떤 결과가 되었을까?

사람을 변화시키는 첫 번째 방법은 먼저 칭찬을 해주는 것이다.

▶ 충고나 거절을 할 때는 반드시 그 사람의 장점을 먼저 칭찬한 다음 말하는 것이 좋다. 인간은 칭찬받은 후에는 싫은 소리를 들어도 기분 나쁘게 받아들이지 않기 때문이다.

2
간접적으로 충고하라

사업가 찰스 스왓은 어느 날 점심시간을 이용하여 공장 안을 돌아보다 수 명의 종업원들이 담배를 피우고 있는 모습을 보게 되었다. 그들의 머리 위에는 '금연'의 표어가 붙어 있었다.

그러나 스왓은 그들에게 왜 그곳에서 담배를 피우고 있는가에 대해서는 한마디도 말하지 않았으며, 그들 곁으로 다가가 한 사람 한 사람에게 담배를 권하며 말했다.

"자, 밖으로 나가서 피우고 오게."

물론 그들이 금지사항을 어겼다는 사실을 자각하고 있음을 스왓은 눈치채고 있었으나, 그것에 대해서는 한마디도 언급하지 않고 도리어 체면을 세워주었던 것이다.

스왓의 경영방침은 늘 그랬다. 때문에 종업원들이 그를 존경하고 마음으로 따르는 것은 당연한 얘기이다.

사업가 존 워너메이커도 이와 같은 방법을 취했다. 워너메이커는 하루에 한 번씩 필라델피아에 있는 자신의 점포를 돌아보는데, 어느 날 한 사람의 고객이 카운터 앞에서 기다리고 있는 것을 발견했다.

점원들은 한쪽 구석에 모여 무엇인가를 얘기하며 한참 동안 흥겨워하고 있었다. 워너메이커는 아무 말도 하지 않고 가만히 매장 안으로 들어가서 주문을 받고 물건의 포장을 점원에게 살짝 의뢰한 다음 그대로 나와 버렸다. 점원을 직접적으로 꾸짖지 않고 행동을 통해 모범을 보였던 것이다.

뛰어난 설교로 이름난 헨리 워드비차 목사가 세상을 떠난 것은 1887년 3월 8일이었다. 그다음 날의 일요일에는 워드비차 목사의 후임으로 라이만 아보트가 초청되어 최초의 설교를 하게 되어 있었다.

아보트는 열심히 설교의 초고를 쓰고 세심한 주의를 기울여서 퇴고(推敲)를 거듭했다. 원고가 완성되자, 그것을 먼저 아내에게 들려주었다.

원고를 읽어 내리듯이 하는 연설은 대개 재미가 없기 마련이다. 이 원고도 예외는 아니었다. 그러나 그의 아내는 현명했다.

"재미가 없어요. 이래 가지고는 듣고 있는 사람들이 졸리겠어요. 마치 백과사전을 읽고 있는 것 같아요. 여러 해 동안 설교를 해왔으면 그만한 것은 알 것 아녜요. 좀 더 인간미가 있고 자연스럽게 말할 수 없나요? 그런 글로 연설을 하게 되면 반응이 싸늘할 거예요."

그의 아내가 이런 식으로 말했을까? 아니다. 만약 이렇게 말했다면 그것은 매우 곤란한 일이 되었을 것이다.

"그 원고를 《북미평론(北美評論)》 잡지에 냈으면 기가 막히는 논문이 되겠어요."

그의 아내는 이렇게 말했을 뿐이었다. 말하자면 칭찬과 아울러 연설에는 적합지 않다는 생각을 교묘하게 내비쳤던 것이다.

그도 그 의미를 바로 알아챘다. 그래서 그는 초고를 찢어 버린 다음

메모조차도 사용하지 않고 설교를 했다.

　사람을 변화시키는 두 번째 방법은 간접적으로 충고하는 것이다.

　▸ 사람을 변화시키는 두 번째 방법은 간접적으로 충고하는 것이다. 스스로 잘못을 뉘우칠 수 있도록 행동으로 실천해 보이는 것도 한 방법이다.

3
먼저 자신의 잘못을 인정한 후 충고해라

누군가에게 잔소리나 꾸지람을 할 경우, 사람은 누구나 완전하지 못하다는 것을 전제로 한 다음 상대의 잘못을 충고해 주면 상대는 그다지 불쾌한 느낌을 갖지 않고 충고를 받아들일 수 있을 것이다.

독일 제국의 최후의 황제였던 오만하고 방자한 빌헬름 2세 밑에서 수상을 하고 있던 편 블로 공은 이 방법의 필요를 절실히 느꼈다. 당시의 빌헬름 황제는 방대한 육·해군을 거느리고 자신의 치하에 있는 독일을 천하무적이라며 자랑을 해댔다.

그런데 어느 날 일대 소동이 일어났다. 영국을 방문하는 중에 황제가 대단한 폭언을 하여 그 내용이 기사화되었으며, 즉시 영국의 정계와 국민의 분격을 사서 독일 본국의 정치가들도 황제의 독불장군식의 태도에 아연하고 말았다.

문제가 너무 컸기 때문에 황제 자신도 당황했다. 그리고 편 블로 공에게 책임을 전가하려고 애를 썼다. 말하자면 황제는 편 블로가 말하는 대로 지껄인 것이므로 책임은 그에게 있다고 선언하라는 것이었다.

"폐하, 저에게 폐하를 움직여서 그와 같은 엄청난 말을 하게 할 힘이 있다고 믿는 사람은 영국이나 독일에 한 사람도 없다고 생각합니다."

펀 블로는 그렇게 대답했으나 그 순간에 '아차' 하고 후회했다. 황제의 노여움이 불같이 타오르기 시작했기 때문이다.

"자네는 나를 바보 취급하는가! 자네 같으면 절대로 하지 않는 실패를 내가 했다는 말인가!"

펀 블로는 시비를 따지기에 앞서 칭찬하지 않으면 안 된다고 생각했으나 일은 벌어지고 만 뒤였다.

그는 차선(次善)의 방책을 강구해야 했다. 따진 다음에 칭찬한 것이다. 그런데 그것이 용케 기적을 낳았다.

그는 공경한 어조로 다음과 같이 말했다.

"저는 결코 그러한 의미에서 말씀드린 것이 아닙니다. 폐하는 현명하심은 저희 같은 사람, 즉 저 같은 사람은 감히 따를 수가 없습니다. 육·해군의 일은 말할 것도 없고 자연과학에 관한 깊은 조예에 세상이 모두 놀라지 않습니까. 저는 폐하께서 지론을 말씀하실 때마다 탄성을 발할 따름입니다. 저는 그 방면의 일은 부끄러울 만큼 아무것도 모릅니다. 단순한 자연현상조차 설명하지 못하는 저는 약간의 역사 지식과 정치나 외교에 도움이 되는 지식을 다소 가지고 있을 따름입니다."

그제야 황제의 표정이 누그러졌다. 펀 블로가 칭찬을 했기 때문이다. 펀 블로는 황제를 치켜세우고 자기를 깎아내린 것이다.

그러자 황제가 흐뭇한 표정으로 말했다.

"언제나 내가 말하듯이 우린 서로 힘을 합쳐야 해. 굳게 손을 쥐고 나아가야 한다고……."

황제의 화난 마음이 완전히 풀려 버렸다.

황제는 펀 블로의 손을 몇 번이나 굳게 쥐었다. 그리고는 "펀 블로의 욕을 하는 사람은 혼을 내주겠어."라고까지 말했다.

펀 블로는 위태로운 고비에서 살아났다. 그러나 그처럼 빈틈없는 외교관도 역시 실수를 한 셈이다. 우선 자기의 단점을 말한 다음 황제의 장점을 말해야 했었는데, 거꾸로 황제를 바보로 만든 것이다.

이 예에서도 알 수 있듯이, 겸손과 칭찬은 우리 일상생활에서 매우 큰 효과를 발휘한다. 올바르게 응용하면 인간관계를 기적적으로 성공시킬 수 있는 것이다.

사람을 변화시키는 세 번째 방법은 먼저 자기의 잘못을 말한 후에 상대에게 충고하는 것이다.

▶ 사람을 교정하는 세 번째 방법은 먼저 자신의 잘못을 인정한 후에 상대를 충고하는 것이다.

▶ 자신도 결코 완전하지 못하다는 것을 전제로 충고를 하게 되면 상대도 자연스럽게 충고를 받아들일 것이다.

4
명령하지 말고 의견을 구하라

미국의 위대한 사업가 양그는 부하들에게 명령적인 어투를 결코 쓰지 않았다고 한다.

그는 '저것을 해라.' '그래서는 안 된다.' 따위가 아니라, '이렇게 생각하면 어떨까?' '이래 가지고 잘 될까?' 하는 식으로 상대의 의견을 먼저 구했다.

한번은 그의 부하 직원이 쓴 편지를 읽어보고 나서 '여기는 이렇게 표현하면 좀 더 좋아질 것 같은데 어떻게 생각하는가?' 하고 조언을 구하기도 했다.

그는 부하 직원들에게 자주적으로 일을 하는 기회를 주었다. 그는 결코 명령을 하지 않았으며, 자주적으로 일을 하게 했다. 그리고 실패를 교훈의 본보기로 삼는 태도를 취했다.

이러한 방법을 취하면 상대방은 자기의 잘못을 고치기가 쉬워진다. 또한 상대의 자존심을 상하지 않게 하면서 중요성을 인식시켜 주게 되는 것이다. 그리하여 반감 대신에 협력할 망口과 생각을 일으키게 하는 것이다.

사람을 변화시키는 네 번째 방법은 명령을 하지 않고 의견을 구하는 것이다.

5
체면을 지켜줘라

제너럴 일렉트릭 회사에 찰즈 스타인메스 부장의 인사이동으로 미묘한 기류가 흘렀다. 스타인메스는 전기(電氣)에 있어서는 드문 일류급 인물이었으나 기획 부장으로서는 적임자가 못 되었다.

회사로서는 그의 감정을 상하게 하고 싶지 않았다. 사실 그는 필요불가결의 인물이었으나 한편 대단히 신경질적인 사나이였다. 그래서 회사는 새로운 직함을 만들어서 그를 그 직위에 임명했다. '제너럴 일렉트릭 회사 고문기사'라는 것이 그의 직명이었다. 하지만 일의 종류는 별로 다른 것이 없었다. 그리고 부장 자리에는 다른 사람을 앉혔다.

스타인메스도 기뻐했고, 물론 중역들도 기뻐했다. 다루기 어려운 사람의 체면을 지켜줌으로써 무사히 움직일 수 있었으니 말이다.

이처럼 상대의 체면을 세워주는 것은 중요한 일이다. 그런데 그것의 중요함을 이해하고 있는 사람은 과연 몇 사람이나 될까?

자기의 심정을 관철시키기 위해 대개의 사람은 타인의 감정 같은 것을 쉽게 짓밟아 버린다. 상대의 자존심 같은 것은 전혀 생각하지 않는 것이다.

여러 사람의 면전에서 종업원을 윽박지르는 고용자도 있다. 좀 더 심사숙고해서 진심이 곁들인 말을 건넨 다음 하고자 하는 말을 하면 그것으로 일이 훨씬 잘 되어갈 텐데 말이다.

종업원들을 아무래도 해고하지 않으면 안 될 불유쾌한 경우에도 이런 점을 고려해야 한다.

마살 A. 그렌저라고 하는 공인회계사가 경험담을 쓴 편지도 체면을 지켜주는 것이 얼마나 중요한가를 깨닫게 해주는 일례다.

『종업원의 해고는 아무리 생각해 보아도 유쾌한 일은 아니다. 해고 당하는 입장이 되면 한층 마음이 힘들 것이다.

우리들의 작업은 시즌에 의해 좌우되는 일이 많을 뿐 아니라 해마다 3월이 되면 대량의 해고자를 낸다.

목을 자른다는 것은 결코 유쾌한 일이 아니다. 따라서 될 수만 있으면 일을 간단하게 처리하는 습관이 우리 사회에 만연되어 있다.

보통 다음과 같은 식으로 하는 것이다.

"스미스 씨, 거기 좀 앉으시죠. 아시다시피 시즌이 끝났기 때문에 당신의 일도 끝났습니다. 처음부터 바쁜 동안만 일을 하겠다고 약속했었죠."

상대방은 이 말에 여간 타격을 받지 않는다. 어디 한구석을 얻어터진 것 같은 심정일 것이다. 그들의 대부분은 회계의 작업으로 한평생을 지내는 사람들이지만, 이렇게 야멸치게 목을 자르는 회사에는 한 조각의 애정도 느끼지 않는다.

그래서 나는 임시 채용을 한 사람들을 해고할 경우에는 좀 더 선심을 곁들인 방법을 취했다. 각자의 성적을 잘 조사한 후, 내가 있는 곳으로 불러서 다음과 같이 말했다.

　"스미스 씨, 당신의 일하는 솜씨는 참으로 감탄스럽습니다. 뉴욕으로 출장 가셨을 때에는 애 많이 먹었죠. 그동안 당신 덕분에 회사에 많은 도움이 되었습니다. 당신은 유능하기 때문에 어디를 가더라도 환영받을 것입니다. 우리들은 당신을 믿고 있습니다. 또 힘이 되는 대로 도움을 주고 싶습니다. 부디 이 사실을 잊지 말아 주십시오."

　그 결과 상대방은 해고된 것을 조금도 고통으로 여기지 않고 밝은 마음으로 떠나간다. 내쫓긴 생각이 들지 않기 때문이다.

　또한 회사에 일이 있기만 하면 또다시 고용해 줄 것에 틀림없다고 생각하기 때문에 회사가 재차 그들을 필요로 했을 경우에는 기꺼이 와준다.』

　사람을 변화시키는 다섯 번째 방법은 사람의 체면을 지켜주는 일이다.

　▶ 사람을 변화시키는 다섯 번째 방법은 그 사람의 체면을 지켜주는 것이다. 특히 임시 채용한 직원을 해고시킬 때 좀 더 선심을 곁들인 방법을 취하게 되면 결코 상처받는 일은 없을 것이다.

6
사소한 일이라도 아낌없이 칭찬해라

지금부터 수십 년 전 10세의 한 소년이 나폴리의 어느 공장에서 일하고 있었다. 그는 성악가가 되고 싶었다.

그러나 그의 교사는 "자네에게는 노래가 맞지 않아. 마치 빗장 문이 바람에 끽끽거리는 것 같은 목소리란 말이야."라고 말하여 그를 낙담시켰다.

그러나 그의 모친은 가난한 농부였으나 아들을 껴안고 사랑스럽게 격려를 해주었다.

"너는 반드시 훌륭한 성악가가 될 거야. 어머니는 그것을 느끼고 있어. 그 증거로 너의 노래 실력이 점점 좋아지고 있잖니."

그녀는 좌절하지 않고 아들에게 음악공부를 시켜왔다. 이 어머니의 칭찬과 격려가 소년의 생애를 일변시켰다. 이 소년의 이름은 독자들도 누구나 잘 알고 있는 세계적인 가수 카루소였다.

이와 비슷한 예로, 런던에 소설가를 지망하는 젊은 친구가 있었다. 그에게 있어서 소설가로서 유리하다고 생각되는 조건은 한 가지도 없었다. 학교는 4년밖에 다니지 않았으며 아버지는 빌린 돈 때문에 형무소에 들어가 있었다.

세 끼의 식사도 부족할 정도였다. 그러다가 그는 직장을 구했다. 쥐의 소굴과 같은 창고 속에서 구두를 닦는 약통에 레테르를 붙이는 것이 그가 얻은 직업이었다. 밤에는 무시무시한 다락의 골방에서 두 사람의 소년과 함께 잠을 잤다. 그 두 사람의 소년은 빈민굴의 부랑아였다.

그는 자신이 없었기 때문에 아무에게도 비웃음을 사지 않기 위해 모두가 잠들어 버린 밤중을 틈타서 가만히 침대를 빠져나와 글을 썼다. 이렇게 해서 쓴 처녀작을 어느 잡지사에 보냈다.

그는 계속 작품을 보냈으나 원고는 항상 모두 되돌아왔다. 그러나 마침내 그에게 기념할 만한 날이 찾아왔다. 한 작품이 채택된 것이다.

이 작품에 대한 원고료는 한 푼도 받을 수 없었으나 편집자로부터 칭찬을 받았다. 말하자면 그는 인정을 받은 것이다.

그는 감격한 나머지 흐르는 눈물도 닦지 않고 거리를 헤맸다. 자기의 작품이 활자화되어서 세상에 나왔다는 것이 그의 생애에 있어서 커다란 변혁을 가져왔다. 만약 그것이 없었다면 그는 한평생을 창고 속에서 살았을지도 모른다.

이 소년이 바로 영국이 자랑하는 작가 찰스 디킨스였다.

또 한 가지 예를 들어보자.

50~60년 전에 한 소년이 런던에 있는 직물 상점에서 일하고 있었다. 아침 다섯 시에 일어나서 청소나 심부름으로 하루 열네 시간을

일했다. 이 중노동에 그는 견딜 수 없을 만큼 심한 고통을 느꼈다.

그래도 2 년간을 참았으나 그 이상은 도저히 참을 수가 없어서, 어느 날 아침에 아침 식사도 하지 않고 점포를 빠져나와 가정부로 일하고 있는 어머니한테 가지 위해 15마일의 길을 걸었다.

그는 미친 듯이 울면서 차라리 죽어 버리는 게 좋겠다고 어머니에게 호소했다. 그리고 그는 모교(母校)의 교장 선생님 앞으로 역경을 호소하는 장문의 편지를 발송했다.

교장 선생님으로부터 회답이 왔다. 자네는 보통 이상으로 두뇌가 명석하고 그러한 노동에는 적합하지 않으므로 좀 더 지적(知的)인 일을 해야 한다고 말하고, 그를 위해서 학교의 교사직을 제공해 주겠다고 했다.

이 칭찬은 소년의 장래를 일변시켜 주었고, 그는 영국의 문학사상과 세계 문화의 이해를 위하여 불멸의 공적을 남기게 했다. 77권의 책자를 펴내고 백만 달러 이상의 재산을 펜으로서 생산케 한 이 사람은 다름 아닌 H. G 웰즈이다.

사람을 변화시키는 여섯 번째 방법은 비록 사소한 일이라도 아낌없이 칭찬해 주는 것이다.

▶ 사람을 변화시키는 여섯 번째 방법은 사소한 일이라도 아낌없이 칭찬해 주는 것이다. 칭찬은 자신감과 하고자 하는 의욕을 갖게 하기 때문이다.

7
기대를 걸어라

미세스 어니스트 젠트라는 부인이 있었다. 뉴욕에 살고 있는 그 부인은 어느 날 가정부를 고용하기로 하고, 다음 주 월요일부터 일해 달라고 말했다.

그사이에 이 부인은 가정부의 이전 고용주였던 부인에게 전화를 걸어 그녀에게 다소의 결점이 있다는 것을 알아냈다.

약속한 날짜에 가정부가 찾아오자, 부인은 그녀에게 다음과 같이 말했다.

"이봐요, 네리. 나는 그저께 당신이 일했던 집주인에게 전화를 걸어서 당신에 관해서 몇 가지 알아보았소. 당신은 매우 정직하고 믿을 만하며 요리 솜씨도 좋고 아이들의 뒷바라지도 친절하게 잘한다고 하더군요. 그러나 청소에 다소 신경을 쓰지 않는 편이라고 하던데, 그 말은 믿지 않아도 되겠지요. 당신의 외모가 정결한 것을 보아도 알 수 있잖아요. 당신은 집 안 청소도 깨끗하게 해주리라고 믿어요. 우리 서로 잘 지냅시다."

두 사람은 고용의 관계에서 서로 잘해 나갔다. 네리는 부인이 자기에게 기대를 걸고 있기 때문에 그것에 어긋나지 않으려고 열심히 일했던 것이다.

집 안은 언제나 깨끗하게 청소되어 있었다. 부인의 기대에 보답하기 위해서 그녀는 시간 외에도 청소하는 것을 꺼리지 않을 정도로 열심히 했다.

상대방이 가진 어떤 약점을 고쳐주고 싶다고 생각하면, 그 점에 대해서 이미 다른 사람보다도 뛰어나다고 말해 주는 것이 효과적이다. 좋은 평판을 안겨주면, 그에 부응하기 위해 더욱더 노력할 것이기 때문이다

또한 무엇인가 장점을 찾아서 그 점에 대해서 경의를 표하거나 칭찬을 하면 대개의 사람은 이쪽이 생각하는 대로 움직여준다.

셰익스피어는 '덕(德)은 없어도 덕이 있는 듯이 행세하라.'고 말했다.

헨리 클레리스너는 프랑스에 체류 중 아메리카 병사의 품행을 교정하기 위하여 이 방법을 사용했다.

그는 명장(名將)으로 이름이 높은 제임스 G. 하버드 대장이 '프랑스에 체류 중인 2백만에 달하는 아메리카의 병사는 청렴결백하고 가장 이상적인 군인이다.'라고 말하는 것을 들은 적이 있다.

지나칠 정도의 칭찬이었지만, 클레리스너는 이 말을 적절하게 이용했다. 그는 다음과 같이 말했다.

"나는 대장의 말을 전군(全軍)에 철저하게 인식시켰다. 그것이 들어맞는지 어떤지는 문제가 아니다. 비록 들어맞지 않았다 해도, 장군이 이와 같은 의견을 가지고 있다는 것을 아는 것만으로 병사들은 감격하

면서 장군의 기대에 어긋나지 않도록 노력할 것이다."

속담에 '개를 죽이려고 생각하면 먼저 미친개라고 불러야 한다.'라는 말이 있다. 한 번 악평의 소문이 나면 좀처럼 다시 일어설 수 없다는 의미를 이 속담은 지니고 있다.

그러나 거꾸로 한 번 호평이 나게 되면 어떻게 될 것인가?

재산가·가난뱅이·도둑 그 밖의 어떤 인간이라도 좋은 평판이 나게 되면 대개는 그 평판에 부끄럽지 않도록 노력하는 법이다.

악인이라고 여겨지는 사람을 부득이하게 접촉해야 할 경우에는 그를 존경할 만한 신사로 간주하고 다루어야 한다. 그 방법 이외에는 대안이 없다.

신사 대우를 받게 되면, 사람은 누구나 신사로서 부끄럽지 않으려고 노력을 아끼지 않는다. 또한 타인으로부터 신뢰받는 것을 큰 자랑으로 여길 것이다.

이와 같이 사람을 변화시키는 일곱 번째 방법은 기대를 거는 것이다.

▶ "무엇인가 장점을 찾아서 그 점에 대해서 경의를 표하거나 칭찬을 하면 대개의 사람은 이쪽이 생각하는 대로 움직여 준다."

▶ 사람을 변화시키는 일곱 번째 방법은 기대를 거는 것이다. 사람은 대개 좋은 평판을 받으면 그에 부응하기 위해서 기대하는 대로 움직여 주기 마련이다.

8
자신감을 갖도록 격려해 줘라

40대의 독신자가 있었다. 그 사나이가 최근 한 여성과 약혼을 했다. 그런데 상대 여성이 그에게 댄스를 배우라고 권했다.

그의 얘기를 소개한다.

"나는 젊었을 때 잠깐 댄스를 배웠다. 20년이 흘렀기 때문에 새로 배워둘 필요는 분명히 있었다.

최초에 나를 방문한 교사는 나의 춤은 전혀 기본이 되어 있지 않다고 말했다. 아마 진심을 말했을 것이다. 그러나 처음부터 다시 배우지 않으면 안 된다고 말했기 때문에 나는 그만 싫증이 나서 그 교사에게 배우러 가는 것을 집어치워 버렸다."

이것이 그의 제1화이다.

다음으로 계속해서 그의 제2화를 들어보자.

"다음 댄스 교사는 사실을 얘기하지는 않은 것 같지만, 나는 그 사람의 태도가 마음에 들었다. 나의 댄스는 다소 뒤져 있었으나 기본이 확실하기 때문에 새로운 스텝을 쉽게 익힐 수 있게 될 것이라고 말했다. 처음의 교사는 나의 결점을 강조하여 나를 실망시켰으나 이 교사는 그 반대였다. 장점을 말하고 결점에 대해서는 별로 강조하지 않았다. 리듬을 잘 소화하고 소질도 상당히 있다고 얘기해 주었던 것이다.

　이렇게 얘기를 듣고 보니, 내 스스로 서투른 것을 알고 있으면서도 순간 그렇지 않은 듯한 착각을 하게 되었다. 물론 나는 수강료를 지불하고 있으니까 칭찬을 해줄 수도 있을 것이다. 그러나 그런 것을 나는 생각할 필요는 없었다.

　어쨌든 칭찬을 받은 덕분에 나의 댄스는 확실히 숙달됐다. 교사의 말에 나는 힘이 나고 희망이 생겼다. 향상심이 일어난 것이다."

　아이들이나 남편, 혹은 종업원을 바보라든가 무능하다든가 재간이 없다든가 하고 흉을 보는 것은 향상심의 싹을 잘라 버리는 행위이다.

　그 반대의 태도를 취해야 한다. 힘을 돋우어주면서 잘할 수 있을 거라고 의욕을 북돋워줘야 한다.

　그다음에는 상대의 능력을 믿고 있다는 것을 알려줘야 한다. 그렇게 하면 상대방은 자기의 우수함을 보이려고 열심히 일하게 될 것이다.

　로엘 토머스는 이런 방법을 쓰고 있다. 그는 사람을 분발시키고 자신감을 부여하고 용기와 신념을 심어주는 솜씨가 매우 뛰어난 사람이다. 그의 얘기를 들어보자.

　『최근에 나는 토머스 부부와 함께 주말을 지낸 일이 있다. 토요일 밤에 불이 타고 있는 난로 곁에서 브리지 게임을 하지 않겠느냐는 권유를 받았다.

　나는 "브리지 게임? 무슨 말씀을! 브리지 게임은 내게 있어서 영원한 수수께끼 같은 것이며 전혀 할 줄을 모릅니다."라고 말했다.

"데일, 브리지 게임을 왜 어렵다고 생각해요? 별다른 비결이 필요치 않아요. 다만 기억력과 판단력만의 문제거든요. 특히 당신은 기억력에 관한 책을 펴냈을 정도로 뛰어나지 않습니까. 당신에게는 안성맞춤의 게임일 것입니다."

스스로 정신을 차리고 보니 나는 태어나서 처음으로 브리지 게임 테이블에 앉아 있었다. 모두들 추켜대는 바람에 아무런 어려움도 없이 손쉽게 되리라고 생각한 것이 이러한 결과를 초래하게 된 것이다.』

브리지 게임이라고 하면 애리 칼바트슨을 떠올린다. 브리지 게임을 할 줄 아는 사람이라면 누구나 그의 이름을 알고 있을 것이다. 그가 쓴 브리지 게임에 관한 책자는 각국어로 번역되어 이미 100만 부 이상이 팔렸으니까 말이다.

그가 한 여성으로부터 '당신에게는 브리지 게임에 굉장한 소질이 있다.'는 말을 듣지 않았다면 이 일로 밥을 먹고 살아가게 되지는 않았을 것이다.

칼바트슨이 아메리카로 건너온 것은 1922년이며, 최초에는 철학과 사회학의 교사가 될 생각이었다. 그러나 적당한 일자리가 없었다. 그래서 그는 석탄 판매를 했으나 실패했다. 그래서 다시 커피 판매를 했으나 그것 또한 잘되지 않았다.

그 당시 그에게는 브리지 게임의 교사가 되려는 생각 따위는 전혀 없었다. 브리지 게임은 서툴면 같이 노는 사람들에게 폐를 끼치기 때문에 처음부터 끝까지 질문을 해대는 것이 고작이었다. 그리고 그는 승부가 끝나면 게임의 과정을 까다롭게 따지기 때문에 모두들 그와 함께하는 것을 싫어하는 형편이었다.

그런데 그는 어느 날 조세핀 데이론이라는 미모의 브리지 게임 교사와 사귀게 되어 그것이 연애로 발전했고, 마침내 결혼을 했다.

데이론은 그가 면밀하게 카드를 분석하고 생각하는 모습을 보더니, 브리지 게임에 천부적인 소질이 있다고 칭찬을 아끼지 않았다.

칼바트슨은 그의 아내 격려 덕분에 브리지 게임의 대권위자가 되었다고 해도 과언이 아닐 것이다.

사람을 변화시키는 여덟 번째 방법은 상대방이 자신감을 갖도록 격려해 주는 것이다.

▶ 아이들이나 남편, 혹은 종업원을 바보라든가 무능하다든가 재간이 없다든가 하고 흉을 보는 것은 향상심의 싹을 잘라 버리는 행위다.

▶ 사람을 변화시키는 여덟 번째 방법은 상대방이 자신감을 갖도록 격려해 주는 것이다.

자신감을 부여하고 용기와 신념을 심어주면 인간은 자발적으로 분발하게 된다. 브리지 게임의 대가 칼바트슨도 '당신에게는 브리지 게임에 굉장한 소질이 있다.'는 칭찬을 받지 않았다면 그 일을 감히 시작하지 않았을 것이다.

9
자진해서 협력하게 해라

1915년 제1차 세계대전을 미국도 잠자코 보고 있을 수만은 없는 상황이 되었다.

과연 평화를 회복할 수 있을 것인가 없을 것인가를 아무도 알 수 없었으나, 윌슨 대통령은 어쨌든 노력해 보자고 결심하고 전쟁 당사국의 지도자들과 협의하기 위해 평화사절단을 파견하기로 했다.

평화주의를 표방하는 국무장관 윌리엄 제닝그스 블라이언은 이 역할을 맡기를 원했다. 자기의 이름을 후세에 남기게 될 절호의 기회라고 생각한 것이다.

그러나 윌슨은 블라이언이 아닌 그의 친구 하우스 대령을 임명했다.

이로써 그 일을 맡게 된 하우스 대령에게는 중대한 문제가 남게되었다. 블라이언의 감정을 해치지 않도록 조심스럽게 이 얘기를 털어 놓지 않으면 안 되었기 때문이다.

당시의 사정을 하우스 대령은 일기장에 다음과 같이 쓰고 있다.

『블라이언은 나에게서 그 얘기를 듣고는 실망의 빛을 얼굴에 확연히 드러내 보였다. 그는 자기가 갈 생각이었다고 말했다.

그래서 나는 대통령께서 이번 평화사절단 파견을 공식으로 행하는 것이 현명한 대책이 아니라는 의견을 가지고 있으며, 블라이언이 가게 되면 세상의 주목을 끌게 되어 형편이 좋지 않다고 말했다.

그리고 이렇게 말하기도 했다. 블라이언은 너무나 거물이기 때문에 이 임무에 적합하지 않다고 말이다.

이 말에는 그도 충분히 만족을 표시했다.』

일복이 많은 하우스 대령은 상대방이 이쪽의 제안에 자진해서 협력하게 하는 방법과 인간관계의 중요한 원리를 알고 있는 사람이었다.

윌슨 대통령은 윌리엄 G. 매카도를 각료로 앉힐 때도 이러한 방법을 취했다.

각료라고 하면 누구에게 있어서나 명예로운 지위이다. 그 지위를 줌에 있어서 윌슨은 상대의 중요성을 배가시키는 방법을 취했다.

매카도 자신의 말을 빌려 이야기해 보자.

"윌슨은 지금 조각 중이지만 재무장관을 맡아주면 그야말로 고맙겠다고 내게 말했다. 실로 반가운 말을 쓰고 있었다. 이 명예로운 지위를 맡기만 하면 나는 그것으로 은혜를 입었다는 생각이 들 것 같았다."

그러나 불행하게도 윌슨이 항상 이러한 방법을 사용한 것은 아니었다. 그가 이러한 방법을 일관해서 썼다고 가정하면, 아마 미국의 역사는 크게 바뀌었을 것이다.

가령 국제연맹 가입 문제에 있어서 그는 상원(上院)을 노하게 하고 공화당을 무시했다. 그럼으로써 건강을 해치고 수명을 단축시키고 아메리카를 연맹 불참국으로 만들어 세계 역사의 진로를 바꾸어놓았다.

다불데 페지라고 하는 유명한 출판사가 있다. 이 출판사는 항상 이 원리를 따랐다.

오 헨리(1863~1910)의 표현에 의하면, 이 회사는 출판을 거절할 경우에 매우 친절하기 때문에 다른 출판사가 출판을 맡아주는 것에 못지않게 기분 좋다고 한다.

유명한 강연가인 J. 마틴도 훌륭한 거절 방법을 알고 있다. 그의 거절 방식이 교묘하기 때문에 거절당한 측에서도 크게 마음을 다치지 않았다.

그 거절 방법은 바쁘다든가 하며 자기 사정을 늘어놓는 것이 아니라, 우선 의뢰된 일에 대해서 진심으로 감사의 뜻을 표명한다. 그리고 유감스러운 일이나 아무래도 틈을 낼 수가 없다고 말하고, 그 대신 별도의 강연자를 추천한다. 말하자면 상대에게 실망을 느낄 만한 여유를 주지 않고 다른 강연자를 고려하도록 만들어 버리는 것이다.

'나의 친구 중에 《부르클린 이글》의 편집장으로 일하고 있는 로저스가 있습니다. 그에게 부탁하면 어떻겠습니까? 아니면 가이 히코크가 적당할지도 모르겠습니다. 그는 유럽 특파원으로서 파리에 15년간 체류한 경험을 가지고 있으므로 놀랄 만큼 화제가 풍부합니다.'라고 하는 식이다.

뉴욕에서 일류 인쇄회사를 하고 있는 사장 J. A 윈트는 어느 날 한 사람의 기계공의 태도를 고쳐줘야 할 필요성에 당면했다.

이 기계공의 과업은 밤낮의 구별 없이 혹사를 당하고 있는 기계를 조절하는 일이었다.

노동시간이 길고 일이 과중하다며 그는 조수가 필요하다고 항상 푸념을 해댔다.

J. A 윈트는 조수를 쓰지도 않고 시간도 단축하지 않으면서 그를 만족시켰다. 그에게 전용(專用)의 방 하나를 제공한 것이다. 도어에는 그의 이름과 직명(職名)까지 적혀 있었다.

그는 수리계장이 된 것이다. 권위가 주어졌고 또 타인으로부터 인정을 받았으며, 자기의 필요성이 충족된 것이다. 그러므로 그는 지금까지의 불평을 잊어버리고 만족스럽게 일했다.

이러한 방법은 어쩌면 어린이를 속이는 사탕발림처럼 여겨질지도 모른다. 그러나 나폴레옹 1세도 같은 일을 했다. 그는 자기가 제정한 레종 도뇌르 훈장을 1천 5백 개나 뿌렸고, 18명의 대장에게 대원수(大元帥)의 칭호를 주고 자기의 군대를 대육군(大陸軍)이라고 불렀다.

전장의 용감한 군사를 장난감으로 속였다고 비난을 받자, 그는 다음과 같이 대답했다.

"인간은 완구(玩具)에 지배를 받는다."

이 나폴레옹의 처리 방법, 말하자면 감투나 권위를 주는 방법은 우리들이 이용해도 효과가 있다.

그 한 예로서, 이 책의 앞에서 언급한 일이 있는 나의 친구 젠트 부인의 경우를 소개한다.

부인은 이웃 동네의 악동들에게 매우 괴로움을 당한 일이 있다. 그들이 마당에 침입하여 잔디를 못 쓰게 만들었던 것이다.

얼러주거나 달래거나 해보아도 하등의 효험이 없었다. 그래서 그녀는 악동의 대장에게 감투를 주어서 권위를 갖게 해주었다. '탐정'이라는 감투였다. 그리고 불법 침입자를 단속하는 임무를 위임했다.

이 방책은 훌륭하게 적중했다. 탐정은 뒤뜰에서 모닥불을 피우고 철봉을 빨갛게 달군 다음 그것을 마구 흔들어대면서 불법 침입자들을 내쫓았다.

사람을 변화시키는 아홉 번째 방법은 이처럼 자진해서 협력하도록 만드는 것이다.

▶ 현명한 거절 방법은 바쁘다든가 하는 식으로 자기 사정을 늘어놓는 것이 아니라 먼저 의뢰된 일에 대해 진심으로 감사를 표하는 것이다.

▶ 사람을 변화시키는 아홉 번째 방법은 자진해서 협력하도록 유도하는 것이다. 그 방법으로 나폴레옹은 감투나 권위를 권유하고 있다.

나폴레옹도 18명의 대장에게 '대원수'의 칭호를 주었으며, 자기의 군대를 '대육군'이라 불렀다.

상대방과 화합하는 기본 원리

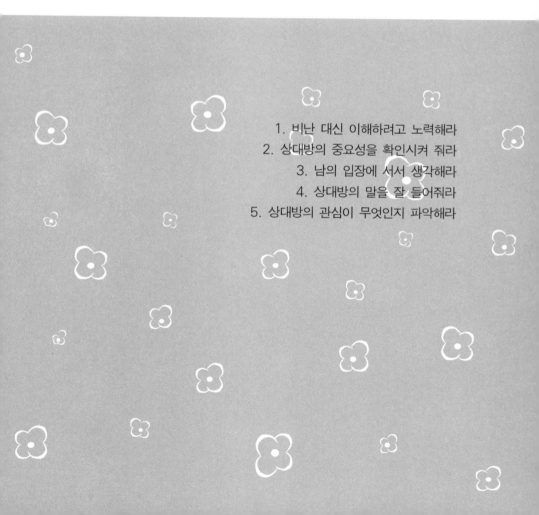

비난 대신 이해하려고 노력해라

죽을 때까지 남에게 미움을 받고 싶은 사람은 남들에 대해서 신랄하게 비평만 하면 된다. 그 비평이 들어맞으면 맞을수록 효과는 더욱 커지는 법이다.

어떤 사람이든 대할 경우에 상대방을 논리적인 동물이라고 생각해서는 안 된다. 상대방은 감정적인 동물이며, 게다가 편견에 사로잡혀 있고 자존심과 허영심에 의해 행동한다는 사실을 잘 고려하지 않으면 안 된다.

남을 비난하는 것은 가장 위험한 불꽃놀이다. 그 불꽃놀이는 자존심이라고 하는 화약고를 건드려서 폭발을 일으키기 쉽다. 이 폭발은 때때로 사람의 목숨을 뺏기도 한다.

레널드 우드 대장의 경우, 그는 비난을 받고 프랑스 전선에 파견되지 않았다. 이것이 그의 자존심을 상하게 하여 죽음을 재촉했다고 한다.

영문학에 광채를 더한 토마스 하디가 영원히 소설을 쓰지 않게 된 이유는 매정한 비평의 탓이며, 영국의 천재 시인 토머스 차톤을 자살로 몰아넣은 것도 역시 비평 때문이었다.

젊었을 때는 대인관계가 나쁘기로 유명했던 벤자민 프랭클린은 뒷날 외교적인 기술을 터득하여 사람 다루는 방법이 매우 능숙해졌으며, 마침내 주불 대사(駐佛大使)로 임명되었다.

그의 성공의 비결은, "남의 나쁜 점을 결코 말하지 않고 장점만 칭찬하는 것."이라고 스스로 말하고 있다.

남을 비평하거나 잔소리를 늘어놓는 것은 어떤 바보라도 할 수 있다. 그리고 바보일수록 그런 짓을 하고 싶어 한다.

이해와 관용은 뛰어난 성품과 극기심을 갖춘 사람이 처음으로 가질 수 있는 덕(德)이다.

영국의 사상가 칼라일에 의하면, "위인은 하인을 취급하는 방법에 따라 그 위대함을 드러낸다."라고 말했다.

남을 비난하는 대신 상대를 이해하도록 노력하지 않으면 안 된다. 어떤 이유로 해서 상대가 그러한 짓을 저지르게 되었는가를 잘 생각해 봐야 한다. 그렇게 하는 것이 훨씬 유익하고 재미도 있다. 그렇게 하면 동정 · 관용 · 호의가 저절로 우러나온다.

모든 것을 알면 모든 것을 용서하게 된다.

영국의 위대한 문학가 닥터 존슨은 다음과 같이 말했다.

"하느님도 사람을 심판하려면 그 사람의 사후까지 기다린다."

하느님도 참고 기다리는데, 우리가 그때까지 기다리지 못할 까닭은 없지 않겠는가.

▶ 남을 비난하는 것은 가장 위험한 불꽃놀이다. 그 불꽃놀이는

자존심이라고 하는 화약고를 건드려서 폭발을 일으키기 쉽다. 이 폭발은 때때로 사람의 목숨을 뺏기도 한다.

2
상대방의 중요성을 확인시켜 줘라

사람을 움직이는 비결은 이 세상에 오직 한 가지밖에 없다. 그러나 이 사실을 알고 있는 사람은 극히 드문 것 같다.

사람을 움직이는 비결은 확실히 한 가지밖에 없다. 즉 스스로가 움직이고 싶은 마음을 일으키게 해주는 것, 이것이 비결이다.

다시 말하거니와 그 외에는 비결이 없다.

물론 상대의 가슴에 권총을 들이대면서 손목시계를 풀어주고 싶은 마음을 일으키게 할 수는 있다. 종업원에게 목을 자른다고 위협하여 협력하게 할 수도 있다. 적어도 감시의 눈이 번쩍이고 있는 동안만은 채찍이나 호통을 쳐서 아이들을 마음대로 움직일 수도 있다. 그러나 이런 서툰 방법에는 항상 좋지 못한 반동 작용이 따르기 마련이다.

사람을 움직이는 데는 상대가 원하는 것을 주는 것이 유일한 방법이다.

그렇다면 사람은 무엇을 원하는가?

20세기의 위대한 심리학자 프로이드 박사에 의하면 인간의 모든 행동은 두 가지 동기에서 출발되는데, 즉 성(性)의 충동과 위대해지려고 하는 욕망이라고 한다.

미국의 저명한 철학자이며 교육가인 존 듀이 교수도 그와 같은 사실을 약간 말을 바꾸어서 표현하고 있다. 즉 인간이 갖는 가장 뿌리 깊은 충동은 '주요 인물이 되고자 하는 욕구'라고 했다. '주요 인물이 되고자 하는 욕구'라는 것은 사실 의미심장한 문구이다.

링컨이 책을 짐짝 속에서 꺼내 공부를 하게 한 것도 다름 아닌 자기의 중요성에 대한 욕구에 눈떴기 때문이다.

영국의 소설가 디킨스에게 위대한 소설을 쓰게 한 것도, 18세기 영국의 명건축가 서크리스토퍼 랜에게 불후의 명작을 남기게 한 것도, 역시 록펠러에게 평생 써도 다 쓸 수 없는 부를 만들게 한 것도 모두가 자기의 중요성에 대한 욕구였다. 부자가 필요 이상의 호화 주택을 짓는 것도 역시 같은 욕구 때문이며, 많은 소년들이 악의 길로 유혹당하는 것도 바로 이 욕구 때문이다.

뉴욕의 경시총감이었던 마르르네는 다음과 같이 말하고 있다.

"청소년 범죄자는 마치 자아(自我)의 덩어리 같다. 체포 후에 그들의 최초 요구는 자기를 영웅처럼 취급하여 크게 다루고 있는 신문을 보여 달라고 하는 것이다. 그들은 자기 사진이 클린턴이나 마이클 잭슨 그리고 채플린 등의 사진과 함께 실리는 게 소원이라고 말하고 있다."

때문에 사람을 잘 움직이려면 그의 존재의 중요성을 확인시켜 주는 말을 서슴지 말고 해야 한다는 것이다.

이때 주의할 것은 칭찬과 아첨을 구별할 줄 알아야 한다는 것이다.

그렇다면 아첨과 칭찬은 어떻게 다른가? 대답은 간단하다.

후자는 진실하며 전자는 진실치 못하다. 후자는 마음속에서 우러나오지만 전자는 입에서 흘러나온다. 후자는 몰아적(沒我的)이며 전자는 이기적이다. 후자는 누구에게나 환영을 받지만 전자는 누구에게나 환대받지 못한다.

'상대의 자기평가에 꼭 들어맞는 말을 해주는 것.'

이것이야말로 마음에 새겨두어도 좋은 말이다.

미국의 사상가 에머슨은 "인간은 어떤 말을 써서도 본심을 속일 수 없다."고 충고하고 있다.

만약 아첨을 해서 만사가 제대로 이루어진다면 누구나가 아첨을 하려 들 것이다. 또한 세상은 온통 사람 다루는 명수들로 꽉 차게 될 것이다. 그러나 그렇지 않은가.

인간은 어떤 한 가지에 마음을 빼앗기면, 그 밖의 것은 잊어버리고 오직 그 일만 생각하는 경향이 있다. 그래서 얼마 동안 자기의 일은 잊어버리고 남의 장점을 떠올려보면 어떨까 하는 생각이 든다. 타인의 장점을 알게 되면 값싼 아첨 따위는 필요 없을 테니 말이다.

에머슨은 다시 이렇게 말하고 있다.

"어떤 인간은 어떤 점에 있어서 나보다 뛰어나다. 그것은 내가 배울 것을 가지고 있다는 점이다."

에머슨 같은 사상가도 이러한데, 하물며 우리 같은 범인이야 말해 무엇 하겠는가.

자기의 장점이나 욕구를 잊어버리고 남의 장점을 생각하도록 하자. 그렇게 되면 아첨 따위는 전혀 쓸모가 없는 것이 되어 버릴 것이다.

거짓이 아닌 진심으로 칭찬을 해주도록 하자. 진심으로 아낌없이 칭찬을 해주자.

상대는 그것을 마음 깊이 간직해 두고 평생 잊지 않을 것이다. 칭찬을 한 본인은 설혹 잊었더라도 받은 사람은 언제까지나 잊지 않고 소중히 간직할 것이다.

▸ 상대를 내 페이스로 끌어들이려면 상대가 원하고 있는 것을 충족시켜 주는 것이 유일한 방법이다. 아울러 그 사람의 중요성을 확인시켜 줘라.

▸ 아첨은 입에서 흘러나오지만 칭찬은 마음속에서 우러나온다. 아첨은 이기적이지만 칭찬은 몰아적이다.

▸ 심리학자 프로이드 박사에 의하면 인간의 모든 행동은 두 가지 동기에서 출발되는데, 첫 번째는 성의 충동이며 두 번째는 위대해지고 싶은 욕망이라고 한다.

3
남의 입장에 서서 생각해라

　사람의 마음을 움직이게 하려는 유일한 방법은 그 사람이 좋아하는 것을 문제로 삼고 그것을 손에 넣는 방법을 가르쳐주는 것이다. 즉 상대의 입장을 헤아려 행동하는 것이다. 이 사실을 잊어버린다면 사람을 다룰 수가 없다.

　가령 자녀에게 담배를 피우지 않게 하려면 설교는 쓸모가 없다. 자기의 희망을 말하는 것도 좋지 않다. 담배를 피우는 사람은 야구선수가 될 수 없고, 100미터 경주에서도 이길 수 없다는 것을 설명해주어야 한다.

　이 방법을 터득하고 있으면 아이들은 물론 종업원들도 마음대로 움직일 수 있다.

　이러한 얘기가 있다.

　어느 날 에머슨과 그의 아들이 송아지를 외양간에 넣으려고 했다. 그런데 에머슨 부자는 사람들이 흔히 하는 실수를 하고 말았다. 자기들의 희망밖에 생각하지 않았던 것이다.

　아들은 송아지를 끌고, 에머슨은 뒤에서 밀었다. 그러나 송아지는 네 발을 버티고 꼼짝하려 하지 않았다.

그것을 보다 못한 가정부가 거들려고 왔다. 그녀는 논문이나 책을 쓸 줄은 모르지만 적어도 이 경우 에머슨보다는 나은 상식을 터득하고 있었다. 말하자면 송아지가 무엇을 원하는지를 생각한 것이다.

그녀는 송아지 입에 먹을 것을 물려서 그것을 먹이며, 부드럽게 송아지를 외양간 속으로 끌어들였다.

"타인의 입장에 자기를 둘 수 있고 타인의 마음의 움직임을 이해할 수 있는 사람은 장래를 걱정할 필요가 없다."

이것은 오웬 영의 말이다.

'항상 상대의 입장에 자기를 두고 상대의 입장에서 사물을 보고 생각한다.'는 한 가지 사실을 실천할 수 있다면, 성공에의 제1보는 이미 내디딘 것이나 다름없다.

▶ 상대를 내 페이스로 이끌려면 그 사람이 좋아하는 것을 손에 넣는 방법을 가르쳐주어야 한다. 즉 상대의 입장을 헤아려 행동하는 것이다.

4
상대방의 말을 잘 들어줘라

상담의 비결에 대해서 찰즈 W. 엘피오트 박사는 이렇게 말하고 있다.

"상담하는 데 특별한 비결은 없다. …… 다만 상대의 이야기에 귀를 기울이는 것이 무엇보다 중요하다. 어떤 아첨도 이보다 더 큰 효과를 거두지는 못한다."

이것은 누구나 다 알고 있는 이야기이다. 이 이야기를 이해하는 데 대학 졸업장이 필요한 것도 아니다.

그런데 많은 임금을 지불하고, 점포를 빌려서 상품을 요령 있게 구입하고, 쇼윈도를 사람의 눈에 띄도록 진열하고, 광고를 하고…… 하는 일에는 많은 경비를 쓰면서도 가장 중요한 역할을 하는 점원을 고용하는 데는 소홀한 상인이 의외로 많다. 고객의 이야기를 중간에 잘라 버리거나 손님을 화나게 하는 등으로 손님을 내쫓는 것과 같은 짓을 아무렇지 않게 하는 점원을 채용하고 있으니 말이다.

타인에게 배척당하거나 뒤에서 비웃음을 사거나 멸시를 받아도 좋다면, 다음 조항을 지키는 것이 상책일 것이다.

① 상대의 이야기를 결코 오래 듣지 말 것.

② 시종 자기의 이야기만을 늘어놓을 것.

③ 상대가 이야기를 하고 있을 때 무슨 의견이 있으면 곧바로 상대의 얘기를 중단시킬 것.

④ 상대를 이쪽보다 머리 회전이 둔하다고 무시하고, 그런 인간의 시시한 얘기는 듣고 있을 필요가 없으므로 이야기 도중에 말을 꺼낼 것.

세상에는 이러한 조항을 엄수하고 있는 사람이 생각 외로 많다. 때문에 성공할 수 없는 것이다.

많이 알려진 사람 중에도 그러한 사람이 있으니 놀랄 일이다. 그러한 사람은 정말 지루해서 참기 힘들다. 자아도취에 빠져 자기만이 잘났다고 생각하는 사람으로 여겨질 뿐이다.

자기의 얘기만을 지껄이는 사람은 자기의 일밖에 생각하지 않는다.

이에 대해 컬럼비아대학 총장 니코라스 M. 바틀리 박사는 이렇게 말하고 있다.

"자기의 일밖에 생각하지 않는 인간은 교양이 없는 인간이다. 비록 아무리 교육을 많이 받아도 교양이 몸에 붙지 않는 사람이다."

좋은 이야기꾼이 되려면 듣는 귀를 가져야 한다.

챨스 N. 리 부인은 이 뜻을 다음과 같이 말했다.

"흥미를 갖게 하려면 먼저 이쪽이 흥미를 가져야 한다."

기쁜 마음으로 먼저 질문을 하여, 상대방이 자랑으로 삼고 있는 이야기를 얘기하도록 화제를 돌려야 한다.

당신의 얘기 상대는 당신이 말하는 내용보다도 자기 자신의 일에 대해 백 배 이상 흥미를 갖고 있다고 생각해도 과언이 아니다.

중국에서 100만 명이 굶어가는 대기근이 일어나도, 그 사람에게는 자기의 치통이 훨씬 중요한 사건이다. 피부에 생긴 부스럼이 아프리카에서 지진이 일어난 것보다도 더 큰 관심사이다.

누군가와 이야기를 할 때는 이러한 점을 잘 생각해 주기 바란다. 그 때문에 남의 호감을 사려면 듣는 입장이 되어야 하는 것이다.

▶ 상대의 이야기를 잘 들어주는 것은 가장 확실한 관심이다. 반대로 시종 자기의 이야기만 늘어놓는다면 자아도취에 빠진 사람으로 취급받아 배척당하기 십상이다.

▶ 좋은 이야기꾼이 되려면 듣는 귀를 가져야 한다. 흥미를 갖게 하려면 먼저 이쪽이 흥미를 가져야 하기 때문이다.

5
상대방의 관심이 무엇인지 파악해라

앞에서도 언급한 바 있듯이, 루스벨트를 만나본 사람은 누구나 그의 박식함에 놀라지 않을 수 없다.

루스벨트는 상대가 카우보이이든 기병대원이든 혹은 정치나 외교관, 그 밖에 누구든지 간에 그 사람이 관심을 가질 만한 화제를 풍부하게 가지고 있기 때문이다.

그 요령을 밝히면 간단하다.

루스벨트는 다음 날 누가 찾아오기로 되어 있으면, 전날 밤 늦게까지 그 사람이 좋아하는 문제에 관해서 생각해 보고 여러 모로 연구를 해 둔다는 것이다.

루스벨트도 다른 지도자들과 마찬가지로, 사람의 마음을 움직이게 하는 지름길이 '상대의 관심 분야를 화제로 삼는 일'임을 알고 있었던 것이다.

예일대학의 문학부 교수 윌리엄 라이언 펠프스는 어릴 적에 이미 이러한 원리를 알고 있었다.

그는 '인간성에 관해서'라는 제목의 논문 속에서 이렇게 쓰고 있다.

『나는 여덟 살 적 어느 주말에 스트래드 포드에 사는 린제이 숙모 댁에 놀러간 일이 있다.

저녁녘에 한 중년남자가 손님으로 왔는데, 그는 한동안 숙모와 흥겹게 얘기를 주고받다가 얼마 후에는 나를 상대로 열심히 이야기를 하는 것이었다.

그 무렵 나는 보트에 열중하고 있었는데, 그 사람의 이야기는 완전히 내 마음을 사로잡았다. 그 사람이 돌아간 후 나는 그 사람을 열심히 칭찬했다.

"정말 멋있는 사람이야! 보트를 그렇게 좋아하는 사람은 처음 보았어."

그러자 숙모는 "그 손님은 뉴욕의 변호사야. 보트에 관해서는 별로 아는 것이 없을 거야."라고 말했다.

"그럼 왜 보트 얘기만을 했어요?"

"그건 그분이 신사이니까. 네가 보트에 정신이 팔려 있는 것을 알아보고 너를 기쁘게 해주려고 기분 좋게 너의 상대가 되어준 거야."』

펠프스 교수는 이 이야기를 결코 잊어버리지 않는다고 쓰고 있다.

사람에게 호감을 얻으려면 상대의 관심이 무엇인지 파악하고, 그것을 화제로 삼아라.

▶ 사람에게 호감을 얻으려면, 먼저 상대의 관심이 무엇인지를 파악해라.

데일카네기의
인간관계 65기본법칙

1판 1쇄 인쇄 | 2018년 10월 20일
1판 1쇄 발행 | 2018년 10월 25일

지은이 | 데일카네기
옮긴이 | 김시오
펴낸곳 | 브라운힐
서울시 마포구 신수동 219번지
대표전화 (02)713-6523, **팩스** (02)3272-9702
등록 제 10-2428호

© 2018 by Brown Hill Publishing Co. 2018, Printed in Korea

ISBN 979-11-5825-058-4 03190
값 15,000원